«¡Me er
sonas e
provoca
décadas le ha dado la vuelta al mundo y ha ido sin descanso tras el menos importante, el último y el perdido. En el camino, con la ayuda de Dios, ha dado lugar al movimiento más notable en el que, día tras día, se ven varios miles de personas impactadas por el evangelio».

Andy Hawthorne, de la Excelentísima Orden del Imperio Británico, es un evangelista británico, autor y fundador de *The Message Trust*

«Verwer, durante más de cincuenta años, ha sido un reconciliador orientado a la gracia, un amigo de pecadores y un faro de sabiduría práctica. Este libro es solo eso… no es una película de suspense, ni un devocionario, sino una guía de conocimientos bíblicos aplicados de la experiencia que puede ayudar al lector a evitar que naufrague en los escollos de la vida».

Dr. Greg Livingstone, fundador de *Frontiers*

«¡Esto es clásico de Verwer! En este libro, uno de los mejores predicadores modernos captura la sencillez y la pasión que adorna su ministerio de la palabra mientras aborda temas de gran trascendencia para la Iglesia cristiana. Este encantador y legible libro es un clásico de la teología práctica y el discipulado. Su contenido no es tanto de las gotas que se obtienen de un grifo que gotea, sino gemas extraídas de un hombre transparente. Mi objetivo es poner un ejemplar de este libro en las manos de todos mis estudiantes».

Rvdo. Dr. Tony Sargent, director emérito de la *International Christian College*

«¡Este es Jorge Verwer en su mejor momento! Cada capítulo se destaca por sí solo y en cada uno encontrarás invaluables pepitas de verdad. Creo que la palabra "Desordenología" será de uso común en poco tiempo».

Peter Maiden, ex director de la Convención de Keswick, director internacional emérito de OM

«¡Este es un libro inspirado y DEBE leerse! Su altura, profundidad y amplitud nos darán a nosotros, los lectores, un espejo mediante el cual se examine nuestro andar espiritual. Los retos son un testimonio de Jorge respecto a cómo nuestro Dios, a través de la Escritura y compañeros de viaje, ha influido, fortalecido y lo han estimulado, y estoy convencido de que va a impactar cada parte de nuestro propio viaje espiritual».

Robin Oake, exjefe de policía y autor de *Father Forgive: The Forgotten 'F' Word*

«Disfruté mucho al recorrer los cortos y contundentes capítulos. Hay humor en este libro y un grito del corazón por la realidad, la humildad y el equilibrio».

Michael Wiltshire, experiodista de *The Financial Times*

«Este es un libro lleno de la sabiduría de muchas décadas de caminar con Dios, haciendo misiones globales e involucrándose con las iglesias de todo el mundo. La voz de Jorge Verwer mezclada con su historia personal se escucha con claridad en este libro con un llamado rotundo a seguir adelante con Dios en medio del misterio, el sufrimiento y el desorden de la vida cristiana. La historia de cómo Dios obra dentro de todo esto se dice de forma maravillosa. Un libro más maduro escrito por uno de los más destacados estadistas de la misión global. Algo que hay que leer».

Rvdo. Dr. Joseph D'souza, obispo moderador de la iglesia *Good Shepherd* de la India

«Al filmar, viajar y trabajar con Jorge he sido de veras bendecido por las "gotas de agua viva" que nos da todos los días. No solo en las entrevistas, sino en la forma en que conduce su vida. He sido privilegiado, pero el lector también será bendecido, inspirado y alentado, y capturará algo de la pasión de Jorge: que el mundo pueda conocer y ser más como Jesús».

Malcolm Turner, director ejecutivo de la *Christian Television Association* (CTA)

Prólogo de GREG LIVINGSTONE

JORGE VERWER

más gotas

MISTERIO
MISERICORDIA
DESORDENOLOGÍA

Publicado por
Unilit
Medley, FL 33166

© 2016 Editorial Unilit (Spanish translation)
Primera edición 2016 (Serie Favoritos)

© 2015 por George Verwer
Originalmente publicado en inglés con el título:
More Drops: Missiology, Mercy, Mystery por George Verwer.
Publicado por CWR,
Waverley Abbey House, Waverley Lane,
Farnham, Surrey, GU9 8EP, UK
Todos los derechos reservados.

Reservados todos los derechos. Ninguna porción ni parte de esta obra se puede reproducir, ni guardar en un sistema de almacenamiento de información, ni transmitir en ninguna forma por ningún medio (electrónico, mecánico, de fotocopias, grabación, etc.) sin el permiso previo de los editores.

Traducción: *Dr. Andrés Carrodeguas*
Diseño: *CWR*

A menos que se indique lo contrario, el texto bíblico ha sido tomado de la Santa Biblia, *Nueva Versión Internacional*® NVI®. Propiedad literaria © 1999 por Biblica, Inc. ™. Usado con permiso. Reservados todos los derechos mundialmente.
El texto bíblico señalado con RVC ha sido tomado de la versión Reina Valera Contemporánea®
© Sociedades Bíblicas Unidas, 2009, 2011.
Antigua versión de Casiodoro de Reina (1569), revisada por Cipriano de Valera (1602). Otras revisiones: 1862, 1909, 1960 y 1995.
Reina Valera Contemporánea® es una marca registrada de Sociedades Bíblicas Unidas y puede ser usada solo bajo licencia.
Usadas con permiso.

Producto 497037 • ISBN 0-7899-2262-2 • ISBN 978-0-7899-2262-5

Impreso en Colombia
Printed in Colombia

Categoría: Iglesia y ministerio /Vida de la iglesia /Misiones
Category: Church & Ministry /Church Life /Missions

Dedicatoria

Este libro está dedicado a todas las personas que he conocido, a través de OM o de cualquier otra manera, para los que, humanamente hablando, la vida no ha marchado bien. Estas personas no están en el plan A ni en el plan B, sino más bien como el plan M. Cuando hablo con ellos, recuerdo el gran alfabeto de Dios y los insto a aceptar la gracia radical y seguir avanzando.

También me acuerdo una y otra vez de 1 Juan 3:16: «En esto conocemos lo que es el amor: en que Jesucristo entregó su vida por nosotros. Así también nosotros debemos entregar la vida por nuestros hermanos».

Reconocimientos

Quiero agradecerles a todos los que ayudaron a hacer de este libro una realidad. En particular, quiero agradecerles a los cientos de personas que tuvieron una contribución espiritual importante (a veces a través de casetes o libros) en mi vida. En primer lugar, mi padre espiritual, Billy Graham, y mi segundo líder cristiano más influyente, el Dr. Oswald J. Smith. También quiero agradecerle en especial al Señor por mi hermana Bárbara, mis padres, mi esposa Drena y toda mi familia.

Contenido

Prólogo		8
Introducción:	Misterio, misericordia y «desordenología»	11
Capítulo 1:	«Desordenología»	15
Capítulo 2:	Extintores, libros y Proverbios	25
Capítulo 3:	Unidad en medio de la diversidad	37
Capítulo 4:	Paradoja, complejidad, misterio y «desordenología»	 43
Capítulo 5:	La Iglesia, las misiones y Hollywood	... 55
Capítulo 6:	¿Debemos ser tan dogmáticos?	 63
Capítulo 7:	Romance, matrimonio, dinero y mucha misericordia	 69
Capítulo 8:	El costo de los errores	 85
Capítulo 9:	Los líderes que usa Dios	 95
Capítulo 10:	Adoración, caminata y maravilla	103
Capítulo 11:	Si no quieres salir herido, no juegues al *rugby*	 113
Capítulo 12:	Llorones, quejicosos, bloqueadores y pensadores negativos	119
Capítulo 13:	Proclamación con preocupación y acción social	127
Capítulo 14:	Una carga y una visión que nunca han cambiado	137
Capítulo 15:	¿Hacia dónde vamos a partir de ahora?	 145

Prólogo

Jorge Verwer lo ha visto casi todo; todo lo que puede salir, o sale, mal y es desagradable entre los cristianos de nuestras iglesias y organizaciones. Su sabiduría práctica refleja la experiencia con el pueblo de Dios en innumerables iglesias, denominaciones y agencias misioneras.

Sin embargo, Verwer, por más de cincuenta años, ha sido un reconciliador orientado a la gracia, un amigo de los pecadores y un faro de sabiduría práctica. Este libro es precisamente eso... no es una novela de suspense, ni un devocional, sino un manual de ideas bíblicas aplicadas de la experiencia que pueden ayudar al lector a evitar que naufrague en los escollos de la vida.

En DESORDENOLOGÍA, tenemos un volumen enciclopédico de sabiduría basada en la Biblia. Hay sabiduría aplicable a beber en cada capítulo para el siervo de Dios que está decidido a agradar al Señor, y transmitírsela a quienes están en su entorno.

He aquí algunos ejemplos de eso:

Cada vez que hay un gran número de personas que aceptan a Cristo al mismo tiempo, no es solo un desorden, sino un excesivo y megadesorden.

Prólogo

Tenemos cientos de años que prueban que Dios puede obrar en medio de un ambiente legalista.

Algunos de los nuevos movimientos más grandes de la iglesia de nuestra época tienen, me parece, una obsesión enfermiza con edificios bonitos y especiales. Es un problema para mí, pero en realidad no creo que signifique gran cosa para Dios.

¿Nunca afrontaremos el claro mensaje de que sin AMOR no somos NADA? ¿Puede haber más capacidad para escuchar y más estima hacia quienes creen de manera diferente, en especial si son personas que, en esencia, creen aún que la Biblia es la Palabra de Dios?

¿Nos interesamos sobre todo en las personas cuando son parte de nuestra organización de modo que después que nos dejan en un par de años casi no recordamos su nombre, o nos comprometemos a amarlas y preocuparnos por ellas sin que importe a dónde se puedan ir?

La impaciencia ha sido un problema durante toda mi vida. Mi odio al pecado y a toda clase de orgullo me ayudaba a humillarme y arrepentirme en seguida. El milagro de la gracia que me liberó de la ira en los primeros días de mi caminar con Dios fue un factor de gran importancia en nuestro caminar junto con incontables y diversos cristianos y en mi liderazgo de Operación Movilización.

He sido capaz de «perseverar» a través de cincuenta y tres años de ministerio, estar reconciliado con quienes he ofendido, poder apoyar a muchos otros, debido en gran parte a que he tenido el privilegio de escuchar y tomar en serio las exhortaciones de Verwer. Sigue leyendo y «haz lo mismo».

Rvdo. Dr. Greg Livingstone
Fundador del ministerio *Frontiers*

Introducción

Misterio, misericordia y «desordenología»

Durante varios años estuve orando y batallando con la idea de escribir otro libro. No me considero un escritor dotado y no encuentro mucho tiempo para entregarme a esto y eso hace que sea mucho más difícil seguir adelante en la tarea.

Mi pasión respecto a los libros, lo cual se remonta a mi conversión, siempre ha sido por los libros de otras personas. Me he pasado toda una vida publicando y distribuyendo libros de grandes autores cristianos, tanto hombres como mujeres. Incluso ahora, al recordar mis propios libros, creo que uno de sus mejores rasgos ha sido la forma en que les presento a mis lectores muchos otros libros más. Si tienes algunos de mis libros, ¿por qué no comprobar esto? Al final de este libro, hay una lista de mis otros títulos y de los que recomiendo escritos por otros autores.

Sigo asombrado de que más de un millón de ejemplares de mis propios libros hayan salido al mundo entero en unos cincuenta idiomas diferentes. Uno de los primeros, *Sed de realidad* (Editorial Unilit, 1991, titulado originalmente *Come! Live! Die!*), ha hecho que me llegaran más de veinticinco mil cartas personales. A cualquier parte que voy, las personas me dicen que esos libros las han ayudado. Esto me ha dado mucho aliento y solo puedo darle las gracias al Señor.

En mi libro anterior, *Gotas de un corazón quebrantado* (Editorial Unilit, 2014), solo un capítulo trata de presentar el mayor cambio de mi vida y de la historia de Operación Movilización (OM): aceptar la preocupación social y la acción social como parte vital de nuestro ministerio. En este último libro, *Más gotas: Misterio, misericordia y «desordenología»*, quiero dar más detalles al respecto, así como lo que he aprendido en estos años pasados en cuanto al desafío y a la complejidad de esto, y lo fácil que es meterse en dificultades.

No sé de qué manera decirlo, pero siento que muchos líderes y cristianos en general están cometiendo grandes errores en su vida y en su ministerio. Puesto que yo mismo he cometido unos cuantos, espero que si los cuento, pueda ayudar a alguien a evitar esas trampas. He aprendido por observación que en algunas dificultades no hay manera de salir sin serios daños a uno mismo y al cuerpo de Cristo. Como puedes leer en el capítulo 1, cuando tenía unos dieciocho años de edad, mientras estaba todavía en el negocio de los extintores, me dirigí hacia el oeste hasta el Gran Cañón del Colorado, leyendo el libro de los Hechos. Esto me llevó a lo que hice en ese tiempo el versículo de mi vida:

> *«Sin embargo, considero que mi vida carece*
> *de valor para mí mismo, con tal de que*
> *termine mi carrera y lleve a cabo el servicio*

> que me ha encomendado el Señor Jesús, que
> es el de dar testimonio del evangelio de la
> gracia de Dios».
>
> **(Hechos 20:24)**

Ahora, al volver la vista atrás a mis cincuenta y ocho años en Cristo, puedo decir que desde entonces esto ha sucedido más o menos con regularidad. Mi oración, en los años que me queden de vida, es que sigan siendo una realidad. ¿Puedes sentir la realidad y la pasión de este versículo? ¿Puedes leerlo y también hacer que sea tu meta y objetivo en la vida? Si es así, creo que encontrarás útil este libro en más de un sentido.

Al igual que en *Gotas de un corazón quebrantado*, cada capítulo en *Más gotas* tiene valor propio. Debido a mi memoria, quizá haya pequeñas coincidencias con algunas cosas escritas en otros libros, aunque no nos hará daño leer en dos ocasiones algo que es vital e importante.

Para ser sincero, mi oración es que oro para pedir que *Más gotas* también les dé a las personas el deseo de leer o releer mis otros libros que aparecen enumerados al final de este libro; en muchos lugares están disponibles en forma gratuita. Mi oración es también que otros se nos unan en divulgar estos mensajes. Tengo una gran pasión de pasar a la siguiente generación la mayor cantidad posible de todo lo que he aprendido del Señor y su pueblo. De algún modo, para algunos mi forma de escribir puede parecer poco «convencional», pero por otra parte es muy básica y no es tan difícil de comprender, en especial si la persona tiene algo de sentido común y discernimiento espiritual.

Mientras termino de mecanografiar esta introducción, estoy escuchando buena música clásica de piano de Tchaikovsky, Mozart y Beethoven. Hace unos días, llevé a Drena, mi esposa, a un magnífico concierto en el Royal Albert Hall de Londres. Mi oración es que al menos algo de lo que escribo, en especial acerca del perdón y la gracia, sea música para tus oídos espirituales y que tu vida, como resultado de la lectura de este libro, llegue a ser más de una sinfonía de lo que quizá sea en este preciso momento. Voy a intentar de llevar a la realidad y equilibrar el desafío del discipulado radical expresado en libros como *Radical* (Editorial Unilit, 2011) de David Platt y *El despertar de la gracia* (Grupo Nelson, 1992) de Charles Swindoll. Quiero añadir a todo esto la súplica de lanzarnos a una misión y una evangelización globales a toda costa, a fin de que todos los seres humanos del mundo puedan tener el evangelio y que haya una iglesia en medio de todos los pueblos. Espero que algunos de los que lean este libro se me unan en esta gran visión y tarea. Respondo cada correo electrónico personalmente, así que no dejes pasar esta oportunidad en **george.verwer@om.org.**

En la gracia de Dios y sujeción a Él,

Jorge Verwer

CAPÍTULO 1

«Desordenología»

Cuando escribí por primera vez *Sal de tu zona de comodidad* (Editorial Unilit, 2000), una de mis mayores cargas era ver más del despertar de la gracia, en especial entre los involucrados en las misiones mundiales. Es más, el capítulo sobre la «gracia» se combinó con el capítulo acerca del «liderazgo», a fin de que fuera un folleto independiente llamado *El despertar de la gracia en el liderazgo* que fuera para regalar. Una y otra vez nos enteramos de tensiones entre los que trabajan para alcanzar al mundo con el evangelio y muchas iglesias locales parecen atravesar divisiones muy intensas y complejas. Para ser sincero, aunque se habla de muchos avances en las relaciones, en algunas situaciones las cosas parecen estar peor que nunca en este aspecto.

En lo que escribí en el pasado, creo que me faltó hablar de mi teología de la «desordenología» de manera adecuada y quiero tratar de hacerlo ahora. La «desordenología» es mi propio término, pero la verdad es que todo se trata de Dios y de la manera en que Él obra y ha estado obrando desde hace miles de años.

La Biblia está llena de enseñanza y exhortación acerca de vivir una vida piadosa de la realidad y la integridad. Si seguimos 1 Corintios 13, cambiará por completo nuestra vida y nuestras iglesias. Esto lo conté también en uno de mis primeros libros: *La revolución del amor* (Editorial Unilit, 2014).

> *Si hablo en lenguas humanas y angelicales, pero no tengo amor, no soy más que un metal que resuena o un platillo que hace ruido. Si tengo el don de profecía y entiendo todos los misterios y poseo todo conocimiento, y si tengo una fe que logra trasladar montañas, pero me falta el amor, no soy nada. Si reparto entre los pobres todo lo que poseo, y si entrego mi cuerpo para que lo consuman las llamas, pero no tengo amor, nada gano con eso.*
>
> **(1 Corintios 13:1-3)**

Además, vemos a Dios obrando a través de todos los tipos de, lo que llamo, «situaciones de desorden», que es de donde obtengo mi término «desordenología». Por años, he citado mi proverbio: «Donde estén reunidos dos o tres del pueblo del Señor, tarde o temprano habrá un desorden». Casi siempre la congregación se

«Desordenología»

ríe. Entonces, pregunto cuántos han experimentado eso, y la mayoría de las manos se levantan. A continuación, paso a explicar la «desordenología». Solo se trata de que Dios en su paciencia, misericordia y pasión por traer a los hombres y a las mujeres hacia sí mismo, muchas veces hace grandes cosas en medio de un desorden. Eso no es una excusa para pecar, fallar o armar un desorden, cada cristiano debe desear hacer lo contrario, pero esa es la otra cara de la moneda. Es la manera en que obra Dios. Gran parte de los Hechos y la mayoría de las epístolas demuestran esto.

El libro de Gordon MacDonald, *Rebuilding Your Broken World* (Thomas Nelson, 2004), junto con muchos otros magníficos libros, me han ayudado a desarrollar esta convicción o creencia, y ahora es muy fuerte en mi corazón. Me ha ayudado a comprender a Dios y la obra de Dios más que a cualquier otra cosa. A veces me refiero a esto como «gracia radical».

En cincuenta y siete años, en más de noventa países, en miles de iglesias y otras organizaciones, he observado algún tipo de desorden. En ocasiones, está involucrado el pecado evidente que necesita arrepentimiento. Otras veces es solo algo tonto o como quieras describir el comportamiento por parte de los hijos de Dios. He dicho, y lo creo firmemente, que no importa cuán llenos estemos del Espíritu Santo, seguimos siendo muy humanos. Nuestra humanidad tiene su lado hermoso, así como su lado desordenado.

Admiro a muchos líderes cristianos, y trato de tener una actitud con el despertar de la gracia hacia ellos, pero en todos estos cincuenta y siete años he visto líderes cristianos, incluyendo misioneros, hacer algunas de las cosas más absurdas y decir cosas aun más absurdas... y a veces soy yo. Sin embargo, cuando he observado con más detenimiento, he visto a Dios obrando en medio de esto. Es probable que no quieras leer esto, pero he visto a muchas personas usadas por Dios que vivían de manera clara en pecado al mismo tiempo. Hemos visto pastores usados por Dios, con personas salvadas, iglesias crecientes y personas discipuladas y, con todo, hemos descubierto más tarde que estaban en constante adulterio e infidelidad. Me refiero a personas casadas y con hijos. Desde luego, después que los descubren, muchas veces los despiden, en ocasiones se divorcian o sucede algo peor. Años más tarde, uno se encuentra a esa persona con su nuevo cónyuge y descubre que le usan en el ministerio. Si escribiera todo un libro acerca de esto, podría dar cientos de ejemplos similares. ¿Cómo lo explicamos? ¡DESORDENOLOGÍA!

Algunas otras palabras clave son «misterio» y «misericordia». Los últimos versículos de Romanos 11 me han ayudado una y otra vez: «¡Qué profundas son las riquezas de la sabiduría y del conocimiento de Dios! ¡Qué indescifrables sus juicios e impenetrables sus caminos!» (Romanos 11:33).

Lo más difícil de aceptar para algunas personas, en especial los líderes, es cuando Dios está obrando de una manera poderosa por medio de alguien que creen que tiene una teología errónea. ¿Cómo puede

«Desordenología»

ser esto? Me encuentro con personas que están molestas con algunos de los predicadores o evangelistas de la televisión y los que se encuentran en ese complejo mundo. Muchas personas me dicen que ni siquiera los ven. Artículos enteros se han escrito en contra de cierta televisión cristiana y estoy de acuerdo con algo de lo que dicen. Las cosas que he visto y oído en esos programas podría hacerme llorar, sobre todo los trucos extremos para la recaudación de fondos del denominado comercio. Sin embargo, ¡no te sorprendas cuando llegues al cielo y conozcas a cientos de miles de personas que vinieron a Cristo a través de alguno de esos ministerios! ¿Necesitamos más de la actitud del apóstol Pablo como se muestra en Filipenses 1:15-18?

> *Es cierto que algunos predican a Cristo por envidia y rivalidad, pero otros lo hacen con buenas intenciones. Estos últimos lo hacen por amor, pues saben que he sido puesto para la defensa del evangelio. Aquéllos predican a Cristo por ambición personal y no por motivos puros, creyendo que así van a aumentar las angustias que sufro en mi prisión. ¿Qué importa? Al fin y al cabo, y sea como sea, con motivos falsos o con sinceridad, se predica a Cristo. Por eso me alegro; es más, seguiré alegrándome.*

Es evidente y difícil de aceptar que Dios usa ministerios y personas con los que quizá no deseemos tener nada que ver. Parece apoyar ministerios a los que yo no les enviaría ni cinco libras esterlinas. Queremos explicar estas cosas y tratar de que se ajusten a nuestro molde, ¡pero a veces descubrimos que no se ajustan! La respuesta: «¡Desordenología!». Necesito todo otro libro para explicar esto en detalles. Tengo dos escritores que quieren ayudarme a escribirlo, pero dudo que se haga. ¡Sería algo muy desordenado!

Otro aspecto clave y vital donde las cosas llegan a desordenarse mucho es en todo lo concerniente a las finanzas y al envío de fondos a los campos misioneros para las personas y los proyectos. Con historias de terror podemos «probar» cualquier cosa que deseemos, de modo que la gente cuenta historias de terror respecto al mal uso de los fondos en el campo y asusta a la gente para que no envíe dinero en absoluto. Una palabra de moda es «dependencia», y algunos libros y artículos muy extremistas se han escrito sobre el tema. Creo que esto trae mucha confusión. Estoy convencido de que la historia mostrará que la generosidad y el riesgo de apoyar un proyecto (como una escuela), incluso a miles de kilómetros de distancia, han sido los principales factores positivos de llevar el evangelio adelante y establecer la Iglesia de Dios. Me gustaría tener el tiempo y los dones para escribir todo un libro acerca de esto.

Es un hecho triste que algunas personas no apoyarán una nueva escuela ni otros proyectos similares

«Desordenología»

si no ven cómo pueden ser autosuficientes de inmediato. Ese es un grave error, sobre todo en lugares como la India. Las escuelas autosuficientes han sido el énfasis en la India por muchos años y por eso hay muy pocas escuelas buenas debido a los pobres en extremo (casi siempre los dalits o los pueblos tribales), mientras que hay miles de escuelas entre los que pueden pagar (no estoy diciendo que eso esté mal). En la compleja situación de extrema pobreza es de esperar que se les destine un montón de dinero antes de que puedan sostenerse a sí mismos. Quizá pasen un par de décadas, cuando los graduados de esas escuelas tengan empleo, que cambien las cosas. ¿La gente puede imaginar siquiera a lo que nos enfrentamos en la India con casi trescientos millones de personas atrapadas en la extrema pobreza de los intocables? Estas situaciones especiales, y hay muchas en todo el mundo, necesitan una muy especial generosidad. Uno de los grandes obstáculos puede ser el de lanzar la táctica del miedo a la «dependencia». Eso no quiere decir que no deberíamos ejercer el discernimiento y la investigación con relación a todo lo que demos. El factor más importante de todos es tener a la gente adecuada en el campo, a fin de que maneje las finanzas y los proyectos. Sin embargo, a pesar de que algunas cosas van mal y que tenemos situaciones desordenadas, todavía creo que la historia mostrará que Dios estaba haciendo mucho más en medio de este desorden de lo que nos dimos cuenta en ese momento. Las personas, las iglesias o las fundaciones que creen que malgastan dinero en un proyecto que fue totalmente equivocado, quizá descubran muchos resultados fantásticos de su dádiva cuando lleguen al cielo.

En todo esto necesitamos tener más sabiduría y sentido común, y sobre todo tener cuidado con lo que llamo «idealismo destructivo». Si este idealismo se combina con el tipo de tendencia perfeccionista que tenemos muchos de nosotros, produce mucho desaliento, desunión y confusión. Por eso hay tantos libros que establecen la enseñanza o la agenda de alguien que da una imagen inexacta de otras personas, iglesias y organizaciones, y de lo que están haciendo. Un poco más de sabiduría, paciencia y humildad llegarían muy lejos para llevarnos a una mayor realidad y victoria.

Mientras termino este capítulo, la controversia que está pasando entre las misiones y los líderes de la iglesia es más de lo que he conocido en toda mi vida. Hay un gran grupo de personas que quieren que se les consideren bíblicas y evangélicas, pero parece que, de una manera muy sutil, niegan los conceptos básicos de la fe como la perdición de todos los que están sin Cristo, la muerte vicaria de Cristo y muchas otras doctrinas básicas que casi todos los líderes y las agencias han aprobado durante cientos de años.

Creo que muchos libros son muy críticos de la Iglesia y del actual movimiento mundial evangélico que ahora involucra a cientos de millones de personas en casi cada nación del mundo. Parece que

«Desordenología»

están diciendo que Hudson Taylor, John Stott, Billy Graham, Juan Calvino, Watchman Nee, Bakht Singh, Guillermo Carey, el Dr. Francis Schaeffer, Charles Spurgeon, D.L. Moody, Festo Kivengere, William Booth, Juan Wesley, Amy Carmichael, Agustín de Hipona y cientos de personas más que contribuyeron a que este movimiento sea lo que es hoy, estaban equivocadas. No podrían decir eso con exactitud, pero para mí eso es lo que sus escritos dan a entender con claridad. Sus libros, que se han vuelto tan populares, tienen muchas cosas buenas que decir, pero en mi opinión, se mueven una y otra vez desde la verdad al error, dejando a los lectores en la duda y la confusión que ha causado una gran desunión en el Cuerpo de Cristo y bastantes iglesias divididas. El resultado natural es a menudo la crítica de su propia iglesia o denominación. Por supuesto, esto puede causar que muchos abandonen su iglesia y comiencen nuevas iglesias que con frecuencia se basan más en la reacción que en la verdad bíblica. Para mí, está dando lugar a un mayor nivel de «desordenología» que nunca antes. En medio de esto, lo que creo es que necesitamos más que nunca sabiduría, amor y discernimiento. Necesitamos la realidad de avanzar «con nuestra mirada puesta en Jesús» en medio de las dificultades y los desafíos.

CAPÍTULO 2

Extintores, libros y Proverbios

Mientras escribo esto, es el cumpleaños de nuestra hija Christa y quiero dedicarle este capítulo. Uno de mis muchos fallos en esos primeros días fue el de no estar presente en el hospital de Leigh, Lancashire, cuando nació, ¡menos mal que Drena sí estaba allí! Yo venía de regreso de unas reuniones en algún lugar del extranjero y no pude llegar a tiempo para el megasuceso. Le pusimos ese nombre en honor de Christa Fisher, procedente de la entonces Alemania Oriental, y que más tarde se convirtió en la señora de Ray Eicher. Durante años fueron, junto con Alfy Franks, los líderes de nuestra obra en la India. Christa recibió a Jesús muy temprano a través de nuestro ministerio en Madrid, donde vivimos primero cuando llegamos a Europa en el otoño de 1960. Ben, nuestro primer hijo varón, nació poco después de eso.

más gotas

    En el verano de 1957, tres de nosotros planeábamos ir a México para distribuir literatura y alcanzar al pueblo con el evangelio. Yo había estudiado español en el instituto y en mi primer año en la universidad de Maryville, donde conocí a Walter Borchard, mi compañero de cuarto, y Dale Rhoton, quien muy pronto se convirtió en una fuerte influencia piadosa en mi vida. No fuimos hasta mediados de julio debido a que Dale estudiaba en la escuela de verano de Wheaton, y Walter y yo vendíamos libros cristianos de puerta en puerta en mi zona de residencia al nordeste de Nueva Jersey. Yo estuve vendiendo extintores en esa zona durante años y me fue muy bien en ese negocio. Me detenía frente a la casa de alguien y encendía un fuego en una sartén mientras las personas de la casa me observaban apagarlo con un pequeño extintor marca Presto. Pronto tuve a muchas otras personas vendiéndolos, mientras yo obtenía buenas ganancias por la venta, tanto al detalle como al por mayor. Mi jefe era judío, el Sr. Finklestein, de Manhattan, y era especial que alguien de dieciséis años fuera a reunirse con él. Estaba tan contento con mis ventas que me convirtió en su agente exclusivo para el Condado de Bergen y por eso registré de manera oficial mi compañía, la *Bergen County Sales Co*. Todo marchaba muy bien hasta que Jesús vino a mi vida y me guio al negocio de los «Extintores del Fuego Eterno». Durante el verano de 1955, 1956 y justo después de mi conversión fueron los extintores, pero en 1957 fueron Biblias y libros cristianos, y pronto comenzaría una misión llamada *Send the Light* [Envía la luz].

Mientras que Walter y yo estábamos en Nueva Jersey vendiendo libros cristianos de puerta en puerta, tanto para llevar el mensaje como para ganar dinero para nuestro viaje a México, recuerdo bien que había una señora en North Haledon que compró muchísimos libros, lo que me hizo muy feliz. Me parece que ella se dio cuenta de que yo tenía un gran celo, pero que tal vez fuera débil en sabiduría y por eso me desafió a que leyera el libro de «sabiduría» de Proverbios en el Antiguo Testamento. Yo había ido avanzando poco a poco a través del Antiguo Testamento, pero no estaba seguro de que hubiera llegado tan lejos. Ella me dijo algo que nunca he olvidado: *«Un Proverbio al día mantendrá lejos al diablo»*, y luego me mostró en la Biblia que Proverbios tenía treinta y un capítulos, uno para cada día del mes. Puedes estar seguro que he estado en Proverbios desde entonces. Poco sabía lo que Dios tenía por delante para mí y cuánto me ayudarían las exhortaciones y la sabiduría de este libro en mis cuarenta y seis años de peregrinación como líder de «Envía la luz» que más tarde en Europa se convirtió en «Operación Movilización».

¿Cuáles son algunos de los puntos destacados que más me impactaron? He aquí algunos de los temas principales:

1. La victoria sobre la lujuria

En la Biblia hay centenares de versículos acerca del sexo y algunos parecen bastante fuertes y fuera de lo establecido, como Proverbios 5:18-19:

> *¡Bendita sea tu fuente! ¡Goza con la esposa
> de tu juventud! Es una gacela amorosa, es
> una cervatilla encantadora. ¡Que sus pechos
> te satisfagan siempre! ¡Que su amor te
> cautive todo el tiempo!*

No me daba cuenta que como joven cristiano, tan hambriento de Dios y tan comprometido de manera radical con Jesús y su Palabra, iba a luchar con esto toda mi vida. Antes de mi conversión, me había metido un poco en esas cosas, creyendo siempre que eran malas, pero solo con la conversión recibí la fortaleza para combatirlas y derrotarlas en mi vida. En esa época, no creo que hubiera visto jamás ninguna imagen de pornografía dura, pero estoy seguro de que sin Jesús me habría lanzado por ese camino. Una y otra vez leí Proverbios 5, 6 y 7, y los versículos como estos y otras enseñanzas similares dispersas a través de la Biblia crearon un sólido fundamento para la batalla de toda la vida con la lujuria.

> *Y él en seguida fue tras ella, como el buey
> que va camino al matadero; como el ciervo
> que cae en la trampa [...] pues muchos
> han muerto por su causa; sus víctimas han
> sido innumerables. Su casa lleva derecho al
> sepulcro; ¡conduce al reino de la muerte!*
>
> **(Proverbios 7:22, 26-27)**

En ese entonces, nunca soñamos que ese viaje a México también nos llevaría a convertirnos en uno de los principales distribuidores de la Biblia y de libros sobre este tema en varios idiomas del mundo entero. El capítulo sobre el tema de la lujuria en mi libro anterior *Gotas de un corazón quebrantado*, el cual salió por primera vez como un artículo de revista, es una de las cosas más difíciles que he permitido que se imprimieran jamás.

2. Los pecados de la lengua

Los pecados de la lengua son uno de los grandes temas de Proverbios. ¡Prueba a ver cómo te caen estos versículos!

> *La respuesta amable calma el enojo, pero la agresiva echa leña al fuego. La lengua de los sabios destila conocimiento; la boca de los necios escupe necedades. Los ojos del Señor están en todo lugar, vigilando a los buenos y a los malos. La lengua que brinda consuelo es árbol de vida; la lengua insidiosa deprime el espíritu.*
>
> **(Proverbios 15:1-4)**

> *Hasta un necio pasa por sabio si guarda silencio; se le considera prudente si cierra la boca.*
>
> **(Proverbios 17:28)**

> *El que refrena su boca y su lengua se libra de muchas angustias.*
>
> **(Proverbios 21:23)**

Descubrí de una manera dura lo fácil que es para los personajes que son como yo herir a las personas con una palabra poco amable y, en mi caso, a la que más he herido es a mi propia esposa en nuestros cincuenta y cinco años de matrimonio. Antes de estar casado siquiera, debido a la obra de la gracia de Dios en mi vida, fui llegando a un nivel muy alto de victoria en cuanto a lo que salía de mi boca, y la «revolución de amor» sobre la cual escribí, era una realidad cada vez mayor en mí. A través de la lectura de libros como *El camino del Calvario* (CLC, 2004), por Roy Hession, y *La Humildad: La hermosura de la santidad* (CLC, 2007), por Andrew Murray, y muchos más, aprendí a humillarme, arrepentirme y pedir perdón.

Me di cuenta de que muchas veces el orgullo era lo que me impedía hacer eso y desde muy joven les declaré la GUERRA a todas las formas de orgullo. Versículos como Gálatas 2:20 se convirtieron en parte de mi ADN espiritual y la falta de este énfasis hoy en algunas iglesias, ya hasta entre algunos líderes, es una de las debilidades del presente que más me preocupan.

> *He sido crucificado con Cristo, y ya no vivo yo sino que Cristo vive en mí. Lo que ahora*

vivo en el cuerpo, lo vivo por la fe en el Hijo de Dios, quien me amó y dio su vida por mí.

(Gálatas 2:20)

De nuevo, Billy Graham me fue de gran ayuda con sus poderosos mensajes de *«Los siete pecados mortales»* y otros sermones radiales que también conseguí impresos, leí y distribuí. *«Los siete pecados mortales»* me causó una impresión tan grande que te puedo decir cuándo y dónde lo leí: En 8 Tasso Road, Fulham, Londres. Primero vivimos allí en un piso de un solo dormitorio del cual habla Hoise Birks en su autobiografía llamada *A New Man* (HB Publishing, 2012). Corría el mes de febrero de 1962, acabábamos de llegar al Reino Unido y el nombre Operación Movilización se usaba por primera vez.

3. La pereza

Recuerdo que en una Conferencia de OM en la India alrededor de 1967, le pedí a la gente que hablara de lo que más le causaba problemas en su trabajo, y para mi sorpresa, dijeron que era la pereza. Creo que esto era un problema tan grande a causa del calor extremo, y yo experimenté algo de lo mismo. La lectura de Proverbios a temprana edad se había convertido una vez más en el fundamento, y antes de cumplir los veinte años les había declarado la guerra total a la falta de disciplina y a la pereza en sus múltiples formas. Aquí tienes algunos grandes versículos de aliento:

> *El de manos diligentes gobernará; pero el perezoso será subyugado [...] El perezoso no atrapa presa, pero el diligente ya posee una gran riqueza.*
>
> **(Proverbios 12:24, 27)**

> *El que es negligente en su trabajo confraterniza con el que es destructivo.*
>
> **(Proverbios 18:9)**

> *La pereza conduce al sueño profundo; el holgazán pasará hambre [...] El perezoso mete la mano en el plato, pero es incapaz de llevarse el bocado a la boca.*
>
> **(Proverbios 19:15, 24)**

> *«¡Hay un león allá afuera! —dice el holgazán—. ¡En plena calle me va a hacer pedazos!» [...] ¿Has visto a alguien diligente en su trabajo? Se codeará con reyes, y nunca será un Don Nadie.*
>
> **(Proverbios 22:13, 29)**

En mi niñez, tuve la fortuna de tener un padre muy trabajador y me enseñó bien la ética bíblica de no ser perezoso. También tuve que aprender a la fuerza a ser paciente con quienes no tenían esa ética y para quienes con solo trabajar fuerte por un solo día les sería una difícil tarea. Este firme énfasis en el trabajo y la disciplina puede llevar a la gente a la pretensión y a una especie de doble vida. La gente se comportaría de una manera cuando no la observan, pero muy diferente cuando la observa alguien, sobre todo en el equipo. Más tarde, estas personas se sienten condenadas y eso les puede causar toda clase de confusiones espirituales y emocionales. Por eso una y otra vez todo nuestro movimiento, y mi vida entera, se rescataron por la «*GRACIA radical*». Para ayudarte con esto, asegúrate de leer el libro de Randy Alcorn *Entre la gracia y la verdad: Una paradoja* (Editorial Unilit, 2003).

4. La ira

Me comencé a enredar en peleas desde muy joven, incluso una vez me peleé con una chica que me dio una buena paliza. Recuerdo que organicé una pequeña pandilla en mi calle de Wyckoff, Nueva Jersey, cuando debo haber rondado los doce años. Peleábamos con las bellotas que caían de los árboles. Albert capitaneaba a la otra pandilla y éramos enemigos. Yo escribí con pintura negra las malas palabras más populares de nuestro tiempo en un costado de su gran casa blanca. Shirley, la chica del frente, debe haberme visto y se lo dijo a mi papá. En realidad, no apreció este brote temprano del arte y tuve que ir a pintar encima de lo escrito. Parece divertido, pero la ira no tiene nada de divertida, y me habría podido destruir la vida.

Recuerdo que visité en la prisión a un hombre que mató a otro hombre. Apareció de sorpresa en la casa de su novia y la encontró con otro hombre. En un arrebato de ira, lo mató allí mismo. Cuando lo conocí, ya había encontrado el perdón en Jesús y se esforzaba por testificar de su fe en la prisión.

Aunque tuve un alto nivel de victoria en este importante aspecto, también tuve mis fallos, los cuales recuerdo muy bien hasta el día de hoy. Incluso en mi niñez, en el fondo de mi corazón nunca le quise hacer daño a nadie ni a nada. Me sentí mal cuando maté por error a una ardilla con mi pistola de municiones (¿o quizá fuera con mi arco y mi flecha? Ya no lo puedo recordar). Me sentí mal y enterré al animalito de una manera adecuada. La impaciencia, combinada con la ira al reaccionar a menudo ante algo, ha sido una de mis debilidades, pero nunca me he dado por vencido en la pelea y he aprendido la realidad de 1 Juan 1:8-10:

> *Si afirmamos que no tenemos pecado, nos engañamos a nosotros mismos y no tenemos la verdad. Si confesamos nuestros pecados, Dios, que es fiel y justo, nos los perdonará y nos limpiará de toda maldad. Si afirmamos que no hemos pecado, lo hacemos pasar por mentiroso y su palabra no habita en nosotros.*

El siguiente pasaje en el capítulo 2:1-2 es útil también:

> *Mis queridos hijos, les escribo estas cosas para que no pequen. Pero si alguno peca, tenemos ante el Padre a un intercesor, a*

> Jesucristo, el Justo. Él es el sacrificio por el
> perdón de nuestros pecados, y no sólo por los
> nuestros sino por los de todo el mundo.

Mis sentimientos acerca de la ira son tan fuertes, que insto a la gente a considerar en serio no casarse con alguien que no tenga la victoria sobre la ira, o si la persona ha tenido problemas graves de ira en el pasado, hay una gran posibilidad de que después del matrimonio estalle de nuevo y se produzca la violencia física. La violencia doméstica, incluso entre quienes afirman seguir al Señor, es uno de los pecados que la iglesia con frecuencia ha cubierto con gran habilidad, en especial si se trata de un diácono, un anciano o incluso el pastor o el líder de adoración. Si estás fallando mucho en este aspecto, necesitas conseguir ayuda. Solo la lectura de Proverbios no será suficiente. Necesitas una ayuda que siempre incluirán arrepentimiento y caminar en la luz.

> Éste es el mensaje que hemos oído de él y
> que les anunciamos: Dios es luz y en él no
> hay ninguna oscuridad. Si afirmamos que
> tenemos comunión con él, pero vivimos en
> la oscuridad, mentimos y no ponemos en
> práctica la verdad. Pero si vivimos en la luz,
> así como él está en la luz, tenemos comunión
> unos con otros, y la sangre de su Hijo
> Jesucristo nos limpia de todo pecado.
>
> **(1 Juan 1:5-7)**

más gotas

Hay mucho más sobre todo tipo de temas vitales en este libro y una de las principales razones para este capítulo es lograr que leas la Biblia con regularidad y por la fe lidiar con todos los problemas que el Señor te dice al respecto. Espero que llegue a enterarme que algunos de ustedes hacen justo eso (mi dirección de correo electrónico aparece al final de la introducción de este libro). Espero que tú también leas 2 Timoteo 2: 2 y les testifiques de lo que aprendiste a otras personas que, a su vez, pueden transmitírselo a incluso más personas.

> *Lo que me has oído decir en presencia de muchos testigos, encomiéndalo a creyentes dignos de confianza, que a su vez estén capacitados para enseñar a otros.*
>
> **(2 Timoteo 2:2)**

Hace poco filmé una serie en DVD («Book by Book») sobre el libro de Proverbios con Richard Bewes, Paul Blackham y el equipo de *Biblical Frameworks*. Espero que muchos de ustedes puedan verlo. También un DVD de la historia de mi vida, titulado *George: «Un viaje de misiones»* (CWR, 2015), lo está presentando CWR y se ajusta muy bien a lo que traté de expresar en este libro. Para más información, o para ordenar este DVD, visita: **www.cwr.org.uk/store.** Más de lo que he escrito llegará a ser, espero, mucho más vivo y utilizado por el Espíritu Santo.

CAPÍTULO 3

Unidad en medio de la diversidad

Mientras escribo este capítulo, me encuentro en un lugar poco común de Alemania. Estoy en lo que se llama la «Casa Madre del Movimiento Diaconisas de Aidlingen», que es el pueblo aquí. He estado viniendo aquí durante unos cuarenta años. Dentro de unas semanas, levantarán de nuevo una inmensa tienda de campaña en su propiedad y tendrán una de las mayores reuniones en la nación a la que acudirán más de ocho mil jóvenes de todo el país, a fin de escuchar la Palabra de Dios y una música cristiana estupenda. Este año no es otro que nuestro Bill Drake de OM. Recuerdo que hace unos años hablé aquí y siempre es maravilloso ver obrar a Dios en los corazones de tanta gente joven. Estas estimadas Hermanas toman el voto de castidad y hay quienes las consideran como una especie de monjas protestantes, aunque son miembros de la Iglesia Luterana aquí en Alemania. Vaya, cuando yo era un joven cristiano de los Estados Unidos, no sabía que existiera gente así. Ahora considero un gran privilegio que algunas de estas hermanas en Jesús sean grandes amigas mías. Este es uno de mis lugares favoritos para cambiar un poco mi ritmo de vida y entregarme a la oración, a escribir y a caminar un poco por el maravilloso bosque donde se encuentran. También les hablo de la Palabra de Dios y mantenemos una gran confraternidad en las excelentes comidas que proporcionan. Es muy evidente su profundo amor por Jesús y su Palabra, y su anhelo de apoyar a las misiones en el mundo.

¿Te puedes imaginar la diversidad de movimientos, iglesias y personas con los que me he encontrado en estos sesenta años en cerca de cien naciones? Por supuesto, ¡basta pasar un tiempo en nuestro barco «Logos Hope» para encontrarse con unas cuarenta nacionalidades distintas, juntas en un solo barco! No en balde las noches de oración son tan especialmente interesantes.

Wisley Gardens, en las afueras de Londres y cerca del aeropuerto de Heathrow, es otro de mis lugares favoritos. Mi gran amigo Danny Smith, quien aceptó a Jesús cuando lo conocí en Calcuta hace casi cincuenta años, vive cerca de allí. Siempre está dispuesto a recogerme en la estación de trenes y llevarme a este jardín de miles de flores diferentes. He estado allí muchas veces, a menudo para caminar por el lugar mientras escucho la Biblia en audio o hablo por teléfono al mismo tiempo. Ese inmenso jardín me recuerda lo que es la Iglesia en el mundo entero, que tiene ahora más de cuarenta mil denominaciones, corrientes o movimientos, ¡y está creciendo con rapidez!

Una de mis secciones favoritas en Wisley es la de los cactos. Nunca me había imaginado que existieran tantas clases. Me recuerdan a muchos de los del pueblo del Señor que he conocido en todo el mundo.

He escuchado hablar a líderes que respeto de una manera negativa en cuanto a los movimientos y las denominaciones, y es posible que yo pensara así hace ya mucho tiempo. Sin embargo, al ver la diversidad de las personas que el Señor usó en la Biblia y la variedad de las estrellas y galaxias en casi todos los ámbitos de la creación, me doy cuenta de que es en gran medida una cosa maravillosa y positiva. Creo que la respuesta al por qué no somos todos una iglesia (aunque lo somos en lo espiritual) es fácil. Esa no es la forma en que Dios edifica su Reino (sé que esto significa cosas distintas para distintas personas) y necesitamos celebrar esta gran diversidad. Sé que algunos de estos movimientos pueden ser heréticos, por lo que los consideramos muy lejos del Reino, pero incluso allí podemos encontrar algunos verdaderos creyentes en medio del desorden. La mayoría de las denominaciones tienen divisiones y la gran división global es entre los que creen que la Biblia es de veras la Palabra de Dios y los que no lo creen. La palabra «fundamentalista» apareció para distinguir a los que creían que la Biblia es la Palabra de Dios de los que no lo creían, a quienes muchas veces se les llamó «liberales» (esto no tiene nada que ver con la política). En décadas más recientes, la palabra «evangélico» vino para definir a los que sostienen la fe bíblica, pero en general no quieren que les clasifiquen como «fundamentalistas», pues esto se ha conectado con el hiperlegalismo, la crítica a los que no piensen lo mismo que uno y hasta se ha comparado con los musulmanes fundamentalistas. Por eso miles de iglesias y centenares de movimientos se asocian con la WEA (por sus siglas en inglés de la Alianza Evangélica Mundial) o la organización correspondiente de su propia nación. Yo formo parte de la WEA y estuve activo en mis días de juventud. En nuestras grandes reuniones mundiales aprendimos a respetar más aún las maravillosas formas diferentes en las que Dios estaba obrando en muchos movimientos y denominaciones.

Los veo a todos como familia y creo que Dios hace gran parte de su trabajo a través de la familia. Solía ser duro con la gente que no era como yo, interdenominacional, pero ya no lo soy. Si conocen a Jesús y le son leales a Él, a su iglesia local y tal vez a su denominación, solo alabo al Señor. Es probable que fuera allí donde encontraran a Cristo y donde crecieran en la fe. Esto es importante para ellos, y lo normal es que la mayor parte de su vida y actividad espiritual se realicen entre su propia familia.

Debemos enfrentar a la realidad de que gran parte del crecimiento de la iglesia y también del interés y la labor sociales tienen lugar a partir de esto. Sí, Dios usa los movimientos interdenominacionales también y a nosotros nos toca liberarnos de la mentalidad de exclusión para comprender que Dios obra de diferentes maneras en las distintas personas.

Por supuesto, mientras más podamos tener juntos tiempos de alabanza, adoración y evangelización, mejor. A ciencia cierta, sin un amor mutuo y sincero solo nos ponemos barreras a nosotros mismos y a nuestra propia iglesia o movimiento.

Dios obra a través de la cultura, del idioma, de la gente, de las situaciones y de toda clase de circunstancias. La mayoría de las iglesias o los movimientos que han existido en estos dos mil años los iniciaron uno o varios líderes visionarios y hay miles de ejemplos. Hasta Lutero, solo hubo unas pocas divisiones importantes, pero al mismo tiempo la Iglesia Católica aprendió cómo canalizar esas diversidades en las diferentes órdenes, y por eso vemos una inmensa cantidad de órdenes y congregaciones, como los jesuitas, los franciscanos o las Hermanas de María. Este no es el lugar adecuado para que escriba acerca de los graves errores que se infiltraron en esa iglesia en aquellos tiempos y hasta hoy. De seguro que fue un tiempo de «desorden», ¿pero alguno de nosotros se atrevería a decir que Dios no hacía nada en medio de esto?

Hoy en día, los católicos son críticos en especial de todas nuestras distintas iglesias y denominaciones, pero les recomiendo que vayan a Wisley Gardens. Dios obra en nuestra condición y humanidad caída, y por eso todo lo que toquemos los humanos, y sí, incluso la Iglesia, tendrá sus debilidades, sus fallos y algunas veces, es triste decirlo, sus falsas y extremas doctrinas. El misterio de los misterios es CÓMO nuestro gran Dios, debido a lo que hizo Jesucristo en la cruz, sigue obrando y haciendo cosas maravillosas en medio de todo. Debemos celebrar más lo que nuestro gran Dios está haciendo en el mundo entero, así lo creo, en un par de millones de iglesias locales diferentes. ¡Tremendo! ¡A Él sean la alabanza y la gloria!

Esto no significa que dejemos a un lado nuestra batalla por lograr una mayor santidad, una mejor realidad, una victoria y todo de lo que hablo en este libro y en mis otros libros. No significa que olvidemos que Satanás anda como león rugiente buscando a quién devorar y que a veces se presenta como un ángel de luz. La guerra espiritual que Pablo bosqueja en Efesios 6 es muy real.

Somos muy conscientes de que algunas iglesias y denominaciones enteras están muertas, o muertas en su mayoría. Otras han atravesado la línea que las separaba del extremismo o incluso de la herejía. *Todos* debemos pelear la gran batalla. No debemos inventar excusas para el pecado y la insensatez, sino arrepentirnos siempre y poner en orden las cosas. Una vez más, es un equilibrio de la verdad que se necesita en cada paso del camino.

En mi libro anterior, *Gotas de un corazón quebrantado*, lidio en especial con la tensión que se produce entre la iglesia y la llamada paraiglesia. Espero que leas ese capítulo (capítulo 22).

CAPÍTULO 4

Paradoja, complejidad, misterio y «desordenología»

Mientras escribo este libro, soy muy consciente de que muchos creyentes jóvenes lo leerán y quizá lo encuentren bastante exagerado y hasta confuso en algunas partes. Tengo que correr ese riesgo porque tarde o temprano todos vamos a encontrar personas, iglesias y grupos cristianos que son bastante exagerados, confusos y es posible que sean mucho peores. Al leer mis pensamientos sobre numerosos aspectos de la actividad y del ministerio cristianos, por muy tristes, exagerados o incluso erróneos que te parezcan, la esencia de este libro es la grandeza y la misericordia de Dios debido a lo que Jesucristo hizo por nosotros en la cruz. Si te cuesta trabajo entenderme, podría ser de ayuda leer *Cristianismo básico* (Certeza, 2009) de John Stott, o *Paz con Dios*

(Editorial Mundo Hispano, 2012) de Billy Graham. Puedes enviarme un correo electrónico y te mandaré algunos de estos libros clásicos como regalo.

Tal vez te encuentres entre esos cristianos jóvenes que ya están confundidos o incluso desanimados por lo que han visto o incluso experimentado en la iglesia, en OM o en alguna otra agencia cristiana. Si este es tu caso, te ruego que sigas leyendo. Por favor, trata de ver lo que trato de decirte en mi intento por expresar desde mi corazón y mente algunas de las cosas con las que he luchado y que me han llevado a interminables batallas con el desaliento, el desánimo y hasta con la duda y la incredulidad.

Me imagino que una de las razones por las que escribo esto es que durante mis sesenta años en Cristo he escuchado hablar a los cristianos, y sí, con frecuencia a los mismos líderes cristianos, de una manera muy crítica con respecto a otros cristianos, iglesias u organizaciones. En esto se incluyen personas a las que respeto y amo, y de quienes he aprendido. Mi problema no solo era la falta de interés y de amor que veía, sino que muy a menudo no tenían la información precisa o veían las cosas fuera de su contexto. Me hubiera gustado que hace cincuenta años hubiéramos tenido libros como *Liderando con amor* (Editorial DIME, 2010) de Alex Strauch, o *If You Bite and Devour* [Si siguen mordiéndose y devorándose] (Lewis and Roth, 2011), del mismo autor, un querido y antiguo miembro de OM que he llegado a apreciar mucho. Teníamos algunos libros como esos y me alegra que fueran lectura obligatoria en OM. Esos libros nos ayudaron a poner nuestros cimientos mucho más de lo que nosotros mismos nos podamos imaginar. En estos se incluye el singular libro *El camino del Calvario*, por Roy Hession (el cual mencioné antes) y *Love is the Answer* [El amor es la respuesta] (Back to the Bible, 1960) por Theodore Epp. Poco después de leer estos libros, escribí *La revolución del amor*, seguido por libros sobre el discipulado, el extremismo y el equilibrio.

Déjame aclarar que, en especial como un líder joven, fui algunas veces uno de los que más criticó a otros líderes, iglesias u organizaciones. Poco a poco aprendí a ser más positivo, pero solo cuando desarrollé un punto de vista diferente de la manera en que obra Dios y con quiénes Él obra, fui capaz de ver cosas positivas que hacía por medio de personas, iglesias u organizaciones que me parecían que estaban erradas o que tenían prácticas indebidas. Randy Alcorn, en su libro *Entre la gracia y la verdad: Una paradoja*, nos ha hecho un gran favor al demostrarnos que podemos estar muy comprometidos con la verdad, como yo siempre lo he estado, pero también con una vida de amor y GRACIA. Con esto seremos mucho más lentos para criticar, en especial cuando en realidad no tenemos el cuadro completo de toda la historia. Muchas veces, las realidades son difíciles de encontrar.

Al mismo tiempo, las Escrituras nos ordenan que defendamos la fe. A todos nos ayudaría mirar con ojos nuevos las epístolas segunda y tercera de Juan.

En este capítulo, quiero mostrar algunos de los aspectos que han causado tantas confusiones y tantas luchas.

1. Los libros, los folletos y lo que llamé «la página impresa» en mi primer libro *Manual de evangelización por literatura* (reeditado en 2003 por Authentic Lifestyle con su título original *Literature Evangelism*). Primero comencé vendiendo libros de puerta en puerta como un joven cristiano de unos dos años en Cristo. En el verano de 1957, antes de ir a México, me cayó en las manos una revista llamada *Floodtide* de CLC. Esto, y mi participación en La Liga del Testamento de Bolsillo, incluso antes de convertirme, me llevaron por el camino del ministerio impreso y en especial con las Biblias, los Nuevos Testamentos y, por supuesto, los Evangelios. A mí me había bendecido la lectura de libros y folletos cristianos, y quería bendecir a otros con sinceridad total. En la venta de libros de puerta en puerta, descubrí que los libros para niños eran los que más se vendían, así que me dediqué a eso también. Pronto descubrí toda clase de libros con enseñanzas de todas clases, algunas de las cuales me parecieron muy extremas y hasta falsas. Al recordar toda una vida con los libros, puedo gritar: «**Dios usa los libros**», pero lo que tal vez tú no quieras oír es que Dios puede usar libros malos y, también, los puede usar el diablo. Descubrí que unos libros

que no quería vender y que no me gustaban, Dios los usaba para ayudar a la gente y hasta llevar personas a Cristo como Salvador. ¿Qué te parece esto de que alguien reciba ayuda y bendición a través de un libro que a ti te parece malo en realidad? ¿Cómo explicas que Dios use unos libros de una manera poderosa cuando su autor cayó ahora en adulterio o en cosas peores? Lo más complejo es que los libros escritos por grandes hombres y mujeres de Dios, a quienes amamos y respetamos, están en desacuerdo con frecuencia y algunas veces sobre asuntos importantes. Si leemos mucho y respetamos a un gran número de personas, ¿cómo decidimos en nuestro corazón qué creer? Esto les parece más fácil a los creyentes jóvenes y mi nieto parece ser mejor que yo al decidir lo que cree en cuestiones y doctrinas bastante complejas. Yo no voy a estar ya para verlo, pero me pregunto cómo será cuando tenga mi edad. Esto a veces me parece que es un desastre y supongo que por eso enseño la «Desordenología», esa en la que Dios, por su misericordia, gracia y misterio, suele hacer grandes cosas en medio del desorden. Cosas que parecen de mucha importancia para nosotros y es probable que para Él, pero lo que Jesús hizo en la cruz trae diferentes prioridades al Dios vivo en la forma en que responde a diferentes personas, iglesias y situaciones.

2. Si piensas que el mundo de la literatura cristiana es complejo, intenta entender la televisión y

la internet, tales como YouTube, Facebook y todo lo demás que viene en camino. Perdona el cliché, pero «me deja perplejo». Las investigaciones, incluidas las mías, mostrarán que en especial los predicadores de televisión que algunos de nosotros apenas podemos soportar verlos ni escucharlos, no solo han ayudado a miles, sino a decenas de miles en el mundo entero, para venir a Cristo. Ahora bien, ciertas personas dirán de inmediato: «Bueno, casi todas deben ser conversiones falsas». Entonces, nos dan una enérgica conferencia sobre lo que es el evangelio seguida por una declaración extrema de arrepentimiento y del Señorío de Cristo, a fin de tratar de llevarnos a creer sobre todo que no se trata de conversiones bíblicas. Yo tengo muchos problemas con esto, pero el mayor es que durante los últimos cincuenta años me he estado encontrando con estas personas en el mundo entero y me han parecido creyentes auténticos. Dios ha usado a muchos de ellos, no solo para ayudar a otros a acudir a Cristo, sino para fundar miles de iglesias.

Recuerda, todavía estamos en medio de la mayor cosecha de personas para el Señor que el mundo haya conocido jamás. Como alguien que se convirtió a través del predicador más criticado en mi vida, Billy Graham, he tenido que vivir toda mi vida cristiana con la crítica de que las personas que toman decisiones en esa clase de reuniones no son salvas en realidad, que todo es solo una cuestión de la mente. A mí siempre me

Paradoja, complejidad, misterio y «desordenología»

ha parecido un misterio la razón por la que alguna gente casi parece alegrarse cuando reduce el número de personas que son salvas de veras.

Decimos que las personas son salvas por GRACIA debido a que ponen su fe en el Señor Jesucristo, pero nuestro comportamiento parece indicar que guardando todas las reglas y regulaciones es que, desde nuestro punto de vista, sabemos si somos verdaderos cristianos. Por favor, trata de leer el libro *Extreme Righteousness*, de Tom Hovestol (Moody, 1997), y descubrirás, como me sucedió a mí, que los creyentes sólidos podemos desarrollar con facilidad una vena de fariseos. El libro *El despertar de la gracia* de Charles R. Swindoll (y en particular, el capítulo llamado «Cómo disentir con gracia y perseverar»), fue de inmensa ayuda para mí.

En lo personal, mantengo mi distancia con respecto a cierta gente, incluyendo algunos de los famosos, y distribuyo libros que hablan en contra de los extremismos, como la enseñanza extrema de la prosperidad. Todavía escribo y hablo en contra de la falsa doctrina y del extremismo, pero nunca le diría a Dios, al Dios viviente, que Él se tiene que mantener distante de esta o de esa persona. Solo soy un ser humano débil y muy limitado. Él es el Todopoderoso Dios del cielo y tal parece que hace cosas poderosas en medio de la paradoja, la complejidad y el misterio. A esto le llamo «desordenología», pero tú lo puedes describir de la manera que prefieras.

3. El tercer aspecto sobre el que quiero hablar es la música y la forma tan maravillosa en que Dios usó y está usando todo tipo de música, canciones y coros, a fin de ayudar a las personas en la adoración o en venir a Jesús. Por más de cincuenta y cinco años, esto ha sido otra saga de complejidades. Es casi un milagro que desde el principio estuviera a favor de lo que se ha identificado como «música contemporánea». El Nuevo Testamento no dice mucho acerca de la música y el Antiguo Testamento parece tener una gama bastante amplia de la música y la danza. Todavía no puedo creer la cantidad de controversia que vino de esto y cómo, literalmente, decenas de miles de iglesias de todo el mundo se han dividido por esta causa. Por una parte, algunos dijeron, incluso escribieron en folletos, que los tambores son de Satanás (tengo un ejemplar). Escuché casetes (de vuelta a los viejos tiempos... ¡Dios mío!, lo sigo haciendo ahora, pues mi viejo auto solo tiene una casetera) y leía folletos y hasta libros enteros de algunas personas que respetaba, en los que condenaban gran parte de la música que yo mismo veía que Dios usaba de un modo poderoso. En realidad, esto me habría podido desalentar por completo si no hubiera desarrollado una actitud distinta de ver a Dios, su amor y su manera de obrar. Él debe tener un gran sentido del humor mientras observa la forma en que se comportan sus hijos.

Paradoja, complejidad, misterio y «desordenología»

Si crees que el tema de la música no tiene importancia o que ya desapareció, te contestaría que no sabes lo que pasa en la Iglesia en general. Algunos incluso han perdido su fe y se alejaron de la iglesia cristiana, y a veces de su propia fe, a causa de lo que han visto en términos de declaraciones extremas y dureza con respecto a la música. Al final, parece que la música nueva y contemporánea ha ganado la batalla... pero todo no ha terminado aún. La intensidad sonora presenta una nueva serie de problemas y admito que llevo a todas partes tapones para los oídos. La escena se ha vuelto mucho más desordenada debido a que un buen número de músicos clave caen en la inmoralidad o el divorcio, así como de músicos que hablan de forma contundente en contra de otros músicos que no ayudan en nada. Tal parece que algunos desecharon por completo la industria de la música cristiana con toda clase de historias acerca de la codicia, el orgullo y la inmoralidad. Para mí, esto fue un terrible error debido a que en medio del desorden, Dios hacía una gran obra y muchos se acercaban para conocer al Señor.

Los de nosotros que leemos con frecuencia, en especial las publicaciones periódicas cristianas, nos veremos expuestos en exceso a informes negativos y a historias cristianas de horror. Cuídate de tratar de demostrar que se tiene la razón solo contando historias negativas, ya que nunca es el cuadro completo y jamás presentan la imagen total de lo que Dios puede hacer en medio del desorden y de toda nuestra condición de seres humanos. Todos necesitamos memorizar Romanos 8:28: «Ahora bien, sabemos que Dios dispone todas las cosas para el bien de quienes lo aman, los que han sido llamados de acuerdo con su propósito».

¿Dónde está Dios en todo esto? Digo que está justo en el medio: amando, perdonando, salvando y usando toda clase de lo que la Biblia llama «vasijas de barro» para llevar a cabo sus propósitos. Relájate, ahora no tienes que marcharte de tu iglesia con sus himnos tradicionales, solo deja de condenar a los que toman un camino diferente. Yo les digo a mis colegas en el club de los sesenta y setenta y tantos años: «¿Qué es más importante, que nosotros disfrutemos la música o que más de la siguiente generación llegue a conocer y adorar a Jesús?». ¿Acaso tenemos aunque sea una idea de lo que Dios ha hecho a través de iglesias como Hillsong y su música? Multiplica esto por mil y tal vez tengas una idea de lo que nuestro Dios está haciendo en el mundo entero por medio de toda clase de música y personas. Consíguete un par de tapones para los oídos, ¡y sigue adelante!

4. Por último, quiero escribir acerca de la gente de Dios en la política, ya sea del ala derecha, el ala izquierda o las que no están en ninguna de las dos. Justo ahora en Estados Unidos esto es un aspecto de gran controversia y división entre el pueblo de Dios y la situación empeora cada día. Una de mis

CAPÍTULO 5

La Iglesia, las misiones y Hollywood

En los capítulos anteriores toqué solo algunos aspectos donde las cosas parecen ser bastantes complejas y desordenadas. Estoy seguro de que no quieres leer mucho más en ese sentido, pero permíteme enumerar brevemente algunas otras cosas importantes en este capítulo. He estado leyendo y hablando con la gente acerca de todos estos muchos aspectos por medio siglo, así que ten un poco de paciencia conmigo. Creo que comprenderlos te ayudará a despertar más a la gracia con un gran corazón y a perdonar. Pienso que tendrás más sabiduría y discernimiento para lidiar con las situaciones difíciles, en especial si eres líder.

El gobierno de la iglesia

Cuando era un joven cristiano, nunca habría creído cuántas maneras diferentes hay para dirigir una iglesia y cómo el Señor parece bendecir tantos métodos diferentes. Con frecuencia, los que tienen un método determinado creen muy fuertemente en él, y si tú estás entre esos, no te pido que cambies, sino que quizá seas un poco menos dogmático en cuanto a creer que tu manera de hacer las cosas es la única. Si dijéramos que es «una de las maneras», sería mucho más sensible que si dijéramos «esta es la única manera».

Ahora tenemos iglesias gobernadas en equipo y a este concepto algunas veces se le llama gobierno de ancianos, el cual se remonta al movimiento de los Hermanos, que fue en sus tiempos un movimiento muy dinámico, y en algunos casos lo es todavía. Dale Rhoton, a quien conocí en la universidad de Maryville y que fue a México conmigo en ese primer viaje, entró a formar parte de ese movimiento y escribió un folleto explicando que este era el estilo del Nuevo Testamento. Yo solo estaba comenzando a comprender este movimiento único, después de haber adorado primero entre ellos en la Ciudad de México. William MacDonald, quien era entonces el Presidente del Colegio Bíblico Emaús, en Chicago, también se estaba convirtiendo en nuestro amigo y partidario. Su libro *El verdadero discipulado* (Editorial Clie, 2008), llegó a ser una gran influencia dentro de nuestro movimiento. Hubo muchos factores que me llevaron a recibir el bautismo por inmersión de manos de Dale en Bethany Chapel, Wheaton. No obstante, en esa etapa de mi vida ya era muy interdenominacional mientras el Instituto Bíblico Moody me ayudaba a tomar ese camino. Entonces, me casé con una bautista, ¡increíble!

A Dale y a algunos otros, su Asamblea los encomendó a que trabajaran con OM y nosotros consideramos que era una gran respuesta a la oración. Lo que menos nos imaginábamos era que unos años más tarde, yo terminaría comenzando la obra en el Reino Unido, donde nació el movimiento de los Hermanos y donde aún sigue fuerte. Históricamente, un buen número de nuestros líderes, incluyendo nuestro primer director en el Reino Unido, Keith Beckwith, y más tarde Peter Maiden, quien se convirtió en mi Director Asociado y después en mi sucesor, estaban relacionados con ellos. El movimiento de los Hermanos ha tenido numerosas divisiones, casi cada asamblea ha tenido una, pero Dios sigue obrando y sigue siendo un movimiento mundial bastante saludable. Ha significado un inmenso estímulo que me hayan aceptado muchos de ellos. Algunos ya tienen pastores que tratan de dirigir sin dejar de ser un jugador de equipo. Otros se horrorizan ante esta idea y esto motiva más divisiones. Seamos sinceros, en la misteriosa manera en que obra Dios, las rupturas y las divisiones son una de las formas en que crece la iglesia. Esto no quiere excusar cualquier pecado o mala conducta. Una vez más, la idea de que Dios obra en medio de los desórdenes nos presenta la cara.

No hay espacio para entrar en todas las diferentes formas en que se gobiernan las iglesias. Para sorpresa de muchos de nosotros, nuestra obra de la India, totalmente bajo el liderazgo de indios, decidió tomar un camino que parece combinar a los Hermanos, los bautistas, los metodistas y los anglicanos con una vena carismática también. Las iglesias del Buen Pastor son uno de los mayores frutos de toda nuestra historia, pero tuvimos que dejar que encontraran su propio camino y mi cambio de punto de vista sobre cómo obra nuestro Dios me ha ayudado a entenderlo más de lo que puedo expresar. Puedes estar seguro de que soy un incondicional fanático y fuerte partidario de lo que sucede, pero eso no significa que esté de acuerdo con todo ni que siquiera lo comprenda todo. Cada vez que hay un gran número de personas que aceptan a Cristo al mismo tiempo, no es solo un desorden, ¡sino un excesivo y megadesorden! Por eso debemos orar y apoyar más que nunca esa gran obra y otras obras similares. A través de este rápido crecimiento, hemos aprendido que los errores tienen su precio. También aprendimos más sobre cómo el diablo y sus ayudantes pueden usar la murmuración para tratar de destruir una obra. ¿Acaso no podemos todos ser positivos en cuanto a las muchas maneras en que Dios obra en una variedad de iglesias con diferentes estilos de liderazgo?

Hollywood y las películas cristianas

Cuando era un muchachito, me encantaban las buenas películas (y algunas malas), ¡así que cuando me convertí en un joven creyente me llevé la gran sorpresa de que me dijeran que las películas y el cine son del diablo! En Moody tuve que firmar un documento en el que prometía que no iría al cine. Yo estaba tan fuerte por Jesús y las misiones mundiales que, en cierto sentido, no quería correr ningún riesgo y en muchas cuestiones estuve de acuerdo con los reglamentos. Solo más tarde me di cuenta que mucho de esto era legalismo y que caí pronto en sus garras. Una cosa es segura, tenemos cientos de años que prueban que Dios puede obrar en medio de un ambiente legalista, pero creo que la Biblia enseña que hay un camino mejor. Esto está muy vinculado con la cultura y la manera increíble en que Dios parece ser capaz de irrumpir en casi cualquier situación cultural. Cuando un tejano se salva, sigue siendo tejano. Eso puede irritar a nuestros amigos cristianos de Boston, pero no es gran cosa para el Dios viviente. Muchos malentendidos entre estados, naciones y ciudades se podrían resolver si nos centráramos más en Dios y comprendiéramos mejor sus maravillosos caminos.

Nuestro movimiento corría paralelo con el movimiento de cine cristiano bajo el liderazgo de personas como Ken Anderson y muchos otros. Ya en 1963 teníamos proyectores en muchos de nuestros camiones cuando recorríamos toda Europa, alcanzando a millones con la Palabra de Dios. Desde entonces, hemos usado películas (luego vídeos y después DVD) en abundancia. Pronto descubrí que en especial la gente del mundo del cine criticaba casi todas esas películas. Por supuesto, la mayoría se hacían con un presupuesto bajo y por eso había grandes limitaciones. La historia y el cielo mostrarán cómo millones llegaron a conocer a Jesús a través de esas películas. ¿Acaso no nos muestra esto lo diferente que es la manera de pensar de Dios a la nuestra? Nosotros anhelamos grandes cosas y mejores películas, claro, pero mientras tanto Dios está usando lo que llamaríamos no muy bueno o incluso lo rechazaríamos. ¿Verdad que somos muchísimo más amigos de criticar y estrechos de mente que el Dios viviente? ¿Quién crees que debería cambiar?

Los edificios de las iglesias

El dinero que se invierte en los edificios de las iglesias con gente muriendo de hambre y viviendo en pobreza en todo el mundo es algo que muchos no pueden entender. El sistema de clases que le acompañó en el siglo XIX es casi incomprensible para los radicales sociales cristianos de nuestros días. Movimientos enteros nacieron en parte al reaccionar ante esto, como el Ejército de Salvación y los metodistas. Estos movimientos, y muchos otros, difundieron su fe en el mundo y, por lo tanto, hasta en la India y Pakistán tenemos inmensos edificios enredados muchas veces en litigios legales, casi siempre en mal estado y con un aspecto muy desagradable en el presente. Sí, ten cuidado si vas a decir que Dios no obra entre la gente en algunos de esos edificios hoy.

Algunos de los nuevos movimientos más grandes de la iglesia también tienen todavía, para mí, una obsesión enfermiza con edificios bonitos y especiales. Es un problema para mí, pero en realidad no creo que signifique gran cosa para Dios. Me pregunto si entiendes lo que te trato de decir. Hay quienes se enojan de veras si se venden algunos de los viejos edificios y se convierten, por ejemplo, en mezquitas. En lo personal, creo que Dios está mucho más interesado en las personas, incluyendo a los musulmanes, que en esos viejos edificios. Lo que Dios podría estar pidiéndonos es por qué no amamos y alcanzamos con el evangelio a nuestros vecinos musulmanes. Algunas de las iglesias que se cerraron estuvieron muertas espiritualmente durante años, dándole la espalda hace décadas a la verdad de las Escrituras, ¿así que por qué estamos tan preocupados? Incluso en lugares como el Reino Unido tenemos miles de nuevas iglesias, y toda clase de grupos cristianos, y de seguro que esto está más cercano a lo que Dios tiene hoy en su corazón. Hay un lugar para los edificios de las iglesias y estoy seguro que para todo tipo de otros edificios, pero Dios guiará a personas diferentes de maneras diferentes, y muy pocas van a recibir el impacto de la cultura de sus días, incluyendo a la cultura de la iglesia. A menudo me encuentro molesto, pero felizmente no creo que sea una cosa muy importante para Dios.

CAPÍTULO 6

¿Debemos ser tan dogmáticos?

¡Qué difícil es para nosotros los cristianos de carácter, comprometidos, creyentes en la Biblia cambiar alguna vez! Sin embargo, necesitamos estar dispuestos a cambiar si hemos estado equivocados. Claro, sin hacer algunos cambios, muchas veces nos podemos quedar espiritualmente atascados y ser ineficientes, casi siempre sin contacto alguno con la generación más joven. Sin cambio, se nos hace difícil pasarle la visión y el ministerio a la próxima generación.

Si recibimos la enseñanza en una denominación en particular, universidad teológica o instituto bíblico, nos afectará en gran medida. Los graduados podemos sentir que tenemos toda nuestra doctrina consolidada. A veces pensaremos que tenemos las respuestas para todas las cosas, hasta para los interrogantes más difíciles de la vida y de la teología. Me parece que esto es un grave error. Debemos seguir aprendiendo y creciendo, y eso a menudo significa que tenemos que admitir que estamos equivocados. En cuanto a los principios más básicos de la fe cristiana, nos debemos mantener inamovibles, pero en muchas cuestiones para las que existen diversas interpretaciones, creo que es mejor no ser tan dogmáticos. Si debemos considerar «a los demás como superiores» a nosotros mismos (Filipenses 2:3), creo que debemos ser más abiertos a escuchar a otros y estar dispuestos a cambiar.

A lo largo de los años he conocido a muchas personas que no parecen tan interesadas en el hecho de que soy un creyente en Jesús y salvado por su gracia. Parecen más interesadas en saber si soy reformado, carismático, arminiano o bautista, y la lista no termina aquí. Otros quieren saber lo que creo acerca de los últimos tiempos, de los judíos o cuál traducción de la Biblia uso. No digo que todo eso sea irrelevante, ¿pero en realidad esto agrada al Señor? ¿Esta clase de mentalidad le da gloria a Dios lo cual debe ser lo que más queramos? ¿Hay alguna esperanza para gente de edad como yo que después de casi sesenta años estudiando la Biblia, la doctrina de la Biblia y sí, la teología, sigan sin estar seguros exactamente sobre cuál es la verdad en algunas cuestiones controvertidas sobre las que unos grandes líderes que respeto, y cuyos libros he leído, están en profundo desacuerdo entre sí?

Toda mi vida he tenido problemas con el hecho de que muchos que estudian teología pierden el rumbo y ya no creen que la Biblia sea la Palabra de Dios. A veces se refieren a la «teología liberal», que se convirtió en dominante en los años de 1920 y 1930 en muchísimos seminarios y universidades. ¿Podemos aunque sea comenzar a comprender el impacto de la teología liberal en lugares como Alemania, Suiza, los Países Bajos y sí, lugares como Sri Lanka y la India, y Estados Unidos, por supuesto? A la luz de esto, ¿no deberíamos los que creemos en la Biblia mantenernos unidos y no dejar que nos dividan tantas cuestiones menores? De seguro que la aceptación de la «desordenología» nos ayudará a hacerlo.

Si hubiera más humildad y menos hiperdogmatismo en las cuestiones menores y controvertidas, habría menos personas que reaccionen ante las mismas y que caigan en el profundo pozo de la incredulidad. Al final, la gente que es demasiado dogmática a veces pierde su fe por completo. La historia lo demuestra y yo podría haber sido uno de ellos. ¿Qué estoy pidiendo? ¿Un cambio de actitud? Sí. ¿Más humildad? Sí, y una manera distinta de ver lo que Dios quiere de nosotros y de nuestra mente. Sin duda, más fruto del Espíritu Santo y menos comentarios dogmáticos poco amables. ¿Nunca afrontaremos el claro mensaje de que sin AMOR no somos NADA? ¿Puede haber más capacidad para escuchar y más estima hacia quienes creen de manera diferente, en especial si son personas que, en esencia, creen aún que la Biblia es la Palabra de Dios?

Hace poco, uno de nuestros autores y predicadores chapados a la antigua e hiperdogmáticos condenó en su totalidad al movimiento pentecostal y carismático, el cual es uno de los mayores movimientos que se han producido a lo largo de los dos mil años de historia de la Iglesia. Lo asombroso fue que otro gran maestro/pastor y teólogo escribió un libro para contrarrestar el primer libro. Los estoy leyendo los dos. ¡Vaya paseo! Creo que el segundo libro está más cerca de la verdad y del corazón de Dios. Se llama *Fuego santo* (Casa Creación, 2013) de R.T. Kendall.

Siempre he escrito en contra de los extremismos y también lo han hecho muchos pentecostales como Lee Grady, de la revista *Charisma*, y esta parte del cuerpo de Cristo parece vulnerable, por decir lo menos. Sin embargo, en mi concepto son uno de los movimientos más fieles (con una increíble variedad de denominaciones e iglesias) en creer que la Biblia es la Palabra de Dios y con una predicación fiel del evangelio. Por eso decenas de MILLONES de personas han venido a Jesús mediante sus esfuerzos y en respuesta a la oración.

Sí, con frecuencia añaden otras enseñanzas y me parece que algunas están equivocadas. Aun así, siento que eso es cierto en la mayoría de las iglesias y de los movimientos de la historia. De seguro que Dios, en su misericordia, sigue salvando personas en medio de todo esto y creo que salvar PERSONAS es lo que está en realidad en el corazón de Dios. Con el fin de impulsar nuestras otras enseñanzas, y los pentecostales son muy buenos en eso, subestimamos la importancia de una salvación tan GRANDE. Siento que hay una lucha en que cuando mis amigos pentecostales y carismáticos se sienten atacados, caen en la misma trampa de ser demasiado dogmáticos con respecto a cosas que no están tan claras en la Biblia, y sobre las cuales los hombres y las mujeres de fe no han estado de acuerdo durante siglos.

Muchas veces, un grupo ataca a otro grupo al contar historias de terror acerca de gente famosa (en especial, celebridades de la televisión) que ha fallado y pecado en grande. Durante años, he sentido que en realidad no se pueden demostrar las cosas mediante historias cristianas de terror, aunque esas historias deban estar en la ecuación. Dios nos manda a pensar más en «todo lo verdadero, todo lo respetable, todo lo justo» (Filipenses 4:8). Una importante sociedad misionera conservadora tuvo obreros condenados y encarcelados por pederastia, lo cual nos destroza el corazón, pero eso no prueba nada con respecto a la misión ni al resto de su gente. Esta misma mañana, estaba estudiando acerca de David, Saúl y Salomón. Si lees el brillante libro *Rebuilding Your Broken World*, de Gordon MacDonald, verás que la mayoría de los santos del Antiguo Testamento tuvieron lo que él llama «experiencias de mundo roto». Sí, hay muchos aspectos donde necesitamos ser fuertes e inamovibles (algunos como la palabra «dogmáticos»), pero mantengámonos siempre humildes, dispuestos a aprender y listos para cambiar a fin de PARECERNOS MÁS A CRISTO.

¿Nos interesamos en la gente solo porque esto forma parte de nuestro trabajo o nos interesamos de veras en ella a causa de la revolucionaria obra de la GRACIA en nuestro corazón? Esto me lleva a otra pregunta... ¿nos interesamos sobre todo en las personas cuando son parte de nuestra organización de modo que después que nos dejan en un par de años casi no recordamos su nombre, o nos comprometemos a amarlas y preocuparnos por ellas sin que importe a dónde se puedan ir? Mis investigaciones indican que muchas personas después que dejan un ministerio o una organización se sienten olvidadas muy pronto. ¡Ah, qué bien sabe el diablo hacer uso de esto! Trata de hacerles creer que todo lo que hizo la organización fue usarlas. La mayoría de la gente dice que no tiene tiempo para mantenerse en contacto con tantas personas, pero cuando estudio la vida de la gente y veo cómo pierde el tiempo, me quedo perplejo. Nos es difícil enfrentarnos en realidad a nuestro propio egocentrismo y a nuestra falta de una dinámica real, de un perdón y de un amor práctico. Escribo esto también para mí, ya que soy un peregrino que fracasa y aprende.

CAPÍTULO 7

Romance, matrimonio, dinero y mucha misericordia

Me parece que cuando tenía trece años, el romance se convirtió en la cosa más grande de mi vida, solo compitiendo con los deportes y ganar dinero. La primera chica con la que salí se convirtió en mi novia estable. Creo que después de unas lecciones de baile fuimos a ver *Quo Vadis* (1951) y solo la eternidad será capaz de decir qué clase de influencia tuvo esa película en mi joven vida. Por ese mismo tiempo, mi estimada Sra. Clapp, que vivía frente a mi instituto, puso mi nombre en su «Lista de prioridades del Espíritu Santo», no solo orando para que me convirtiera en cristiano, sino también en misionero. ¡Vaya, ni siquiera lo consultó conmigo! En realidad, yo tenía otros planes para mi vida. Ya estaba en los negocios y pensé entrar en ese tipo de carrera.

Una maravillosa chica llamada Lynn fue una buena influencia en mi vida. Asistía a una iglesia bautista y yo no tenía ni idea lo que era eso. Recuerdo que me enseñó el bautisterio, el cual me pareció una cosa bastante extraña. Llegué a conocer y estimar a sus padres, y todos fueron una buena influencia en mi vida. Lynn y yo bailábamos, y algunas veces teníamos una tormenta de besos, pero nada más que eso, por lo que me siento agradecido al volver la vista atrás. Después que nos separamos, hubo muchas otras chicas diferentes que arruinaron mis circuitos románticos y me entristece decir que en esa época, de una manera pequeña, entré al mundo de la llamada pornografía suave y la lujuria. Fue en ese tiempo que el Evangelio de Juan, que me enviaron la Sra. Clapp y su hijo Danny, irrumpió en mi vida. También en mi Iglesia Reformada semiliberal tuve un piadoso maestro de Escuela Dominical que estuvo a punto de hacerse Testigo de Jehová, pero que gracias al ministerio radial del Dr. DeHaan se convirtió en creyente y, como resultado, influyó sobre mí. Después de mi conversión, Fred Gnade llegó a ser mi amigo para toda la vida. Recuerdo en especial a Shirley, su hermana menor, mi vecina de al lado durante mi niñez allí en la avenida Van Houten, en Wyckoff, Nueva Jersey. Fue la primera chica a la que besé. Calculo que tendríamos unos seis años de edad.

Jesucristo, el Madison Square Garden, Billy Graham y el 3 de marzo de 1955 fueron determinantes para mí. Esa noche nací de lo alto y todo comenzó a cambiar. Puedes leer algo acerca de esos primeros tiempos en la historia oficial de OM, *Una revolución espiritual* (Editorial Unilit, 2009), por Ian Randall. Yo era nuevo en la familia de Dios, y pronto descubriría lo diferente que era y la cantidad de reglas que habían entrado en juego. Al parecer, ya no se me permitía besar ni bailar, pero como no encontré ningún versículo sobre eso, seguí haciendo ambas cosas.

Ahora tenía diecisiete años y mi propio auto (un Henry J... ¡vaya, eso sí descubre la edad que tengo!), y como era típico de los estudiantes de último año del instituto, caí perdidamente enamorado de una chica llamada Margo, quien era mucho más joven que yo y asistía a una iglesia episcopal. Dios me perseguía a lo grande, ya que estaba en la Palabra y comenzaba a evangelizar en el instituto donde me eligieron presidente del Consejo de Estudiantes. Me mantuvieron fuera de la Sociedad Nacional de Honor debido a mis locuras y payasadas, pero en ese último año mi vida estaba tan cambiada que por fin me aceptaron en esa Sociedad que era una gran cosa en nuestra cultura de esa época. Por aquel entonces, hice algo estúpido en realidad. Estacionado fuera de la carretera, casi en el bosque, Margo y yo comenzamos a «besuquearnos» (no estoy seguro si los estadounidenses todavía usen ese término) y cuando comencé a ir un poco más allá de lo debido, un policía me tocó en la ventanilla y puedes estar seguro que no recuerdo lo que me dijo. En mi pánico, le di marcha atrás al auto y lo metí en una zanja de la que no lo podía sacar. Esa fue la peor noche de mis años de adolescente, ya que el papá de ella tuvo que venir a rescatarnos y, debido a que quizá tuviera unos cuantos tragos encima, me acusó de cosas que no hicimos y muy pronto terminó la relación. Siempre me he sentido mal por esto, pues sé que le hice daño a esa jovencita y poco después la perdí de vista.

Un incidente muy similar en el estacionamiento de una iglesia llevaría a su fin los romances alocados de mi vida; de seguro porque la gente oraba por mí. Decidí en un «ayuno en seco» que no saldría con chicas ni besaría a nadie (solo a la almohada un poco), esto duró casi dos años. La siguiente chica con la que salí en citas fue Drena, quien se convirtió en mi esposa.

En parte, elegí la universidad de Maryville porque bailaban todos los días después del almuerzo. Nunca bailé allí ni nunca salí en citas allí. Es más, allí fue que tuvo lugar gran parte de mi primer crecimiento en la vida cristiana. Alguna gente habría dicho que estaba en fuego por Jesús. Cada hora extra cuando no estudiaba, estaba afuera en la evangelización o la oración, leyendo la Palabra o asistiendo a una reunión cristiana. De una manera asombrosa, un pastor bautista de una iglesia rural me permitió predicar. Entonces, la puerta se abrió para ministrar en la cárcel del Condado de Blount lo cual, cuando solo tenía dieciocho años, abrió la puerta para predicar la Palabra en la Penitenciaría Estatal de Nashville.

A mi vida llegaron varios libros excelentes como *Pasión por las almas* (Editorial Portavoz, 1957) por Oswald Smith, *Portales de esplendor* (Editorial

Portavoz, 1985) por Elisabeth Elliot y muchos más. Causó un gran impacto en mi vida el estudio de un curso por correspondencia sobre cómo llevar a las personas a los pies de Cristo. Cuando ese mismo pastor bautista me llevó a mi primera conferencia misionera, más adelante en Chattanooga a un Colegio Bíblico llamado *Tennessee Temple*, nunca volví a ser el mismo. Aun antes de mi conversión, gracias al Evangelio de Juan y a La Liga del Testamento de Bolsillo que lo publicaba y distribuía, quise lograr que todo el mundo tuviera en todas partes ese grandioso libro. Siendo un cristiano «bebé», logré que unos mil de mis compañeros de estudios en el instituto me prometieran leerlo. Según iba sabiendo detalles acerca de más naciones y de las razones por las que había tantas personas sin alcanzar, la visión por alcanzarlos, y en especial a los musulmanes, comenzó a crecer en mi corazón y mente. Cuando comencé a darme cuenta de que se necesitaban recursos financieros con toda urgencia, me dediqué a vender todo lo que podía y di el dinero a las misiones mundiales. Me conseguí un trabajo de camarero en el restaurante de la universidad con el propósito de poder dar más.

Durante este período es que fuimos por primera vez a México en el verano de 1957. Pronto pude hablar un mal español y el impacto de lo que vi, y otros factores, hicieron que quisiera dejar la universidad en Artes y Letras de Maryville, a fin de entrar en el Instituto Bíblico Moody, en Chicago. En especial, quería vivir y evangelizar en la Gran Ciudad. Probé algo de esto cerca de mi casa cuando fui a distribuir miles de tratados en el sistema de metro subterráneo de la ciudad de Nueva York y después, justo antes de irme a México, al participar en la famosa campaña de Billy Graham. Allí, hasta prediqué por las calles.

Llegar a un lugar como el Instituto Bíblico Moody fue una gran sorpresa, en especial al ver tantas jovencitas atractivas. En la primera semana me debo haber entusiasmado con varias, pero me mantuve en mi ayuno «en seco» del romance. Al recordarlo, me pregunto si, de haber tratado de besar a una, ¡no me hubiera golpeado con una de sus grandes Biblias King James! Por supuesto, Moody tenía un libro de normas y parecía que allí había normas estrictas para todo.

Mi pasión por la evangelización me llevó a conseguir una película en la oficina de Moody en el séptimo u octavo piso; poco sabía que este sería el día que cambiaría mi vida. Drena estaba sentada en el escritorio a cargo de esa oficina. Cuando la vi, mis circuitos de romanticismo estallaron y rompí mi ayuno, moviéndome hacia mi blanco. Para mí, fue amor a primera vista, pero en cuanto dije algo bastante tonto, ¡para ella fue miedo a primera vista! No sucedió nada, pero aceptó reunirse conmigo. Entonces, le dije: «Bueno, tal vez no llegue a suceder nada entre nosotros dos, pero si sucediera algo, digamos, como el matrimonio, es necesario que comprendas que yo voy a ser misionero, y es probable que te coman los caníbales de Nueva Guinea. La forma en que por fin aceptó casarse conmigo es una larga historia, incluyendo un difícil verano que pasamos juntos en Ciudad de México, para después dejarla atrás cuando regresé a Moody. Esto hizo que mi mejor amigo mexicano se enamorara de ella y me llamara por teléfono para preguntarme si estaba de acuerdo. Bueno, esto me llevó a ayunar y orar en serio. Después de una conversación telefónica con Drena, muy pronto hizo un largo viaje en autobús de vuelta a Chicago.

En todo esto, sentí una profunda convicción en cuanto a mi falta de amor práctico y sensibilidad. Drena se estaba descubriendo a sí misma y a sus profundas necesidades emocionales. Nuestro compromiso podría haberse roto si no hubiera sido por una profunda experiencia que ella tuvo con Jesús en la quietud de su propio cuarto mientras entendía algo de la suficiencia total de Jesús. Esto también la llevó a una experiencia de sanidad con respecto a algunos síntomas físicos que la estuvieron molestando por mucho tiempo.

Nunca olvidaremos ese gran día, el 31 de enero de 1960, cuando nos casamos. No hicimos nada especial, ten en cuenta que Henry, el padrastro de Drena, no era cristiano. La historia de su conversión a Jesús muchos años más tarde es algo que siempre le agradeceremos a Dios. Tuvimos la ceremonia matrimonial justo después del culto del domingo por la mañana en la iglesia bautista de Lake Drive. La iglesia no tenía su propio edificio, así que la ceremonia se celebró en el gimnasio de una escuela. Walter Borchard fue mi padrino de bodas. Nuestros amigos, la mayoría de ellos estudiantes de Moody, llegaron de Chicago en un autobús. Dale predicó un poderoso mensaje en la recepción, mencionando que la mejor cosa que podían hacer por nosotros era orar, puesto que era muy probable que vendiéramos todos los regalos para dar el dinero a las misiones mundiales. Cómo me habría gustado que no se nos perdiera ese viejo casete en el que se grabó ese mensaje.

Cuando recordamos nuestros cincuenta y cinco años de matrimonio, ¿qué podríamos decir que te sirviera de ayuda a ti que lees esto? Alrededor del año de 1970, iba a escribir un libro acerca del matrimonio y había decidido el título: *El matrimonio revolucionario*, y hasta tenía un bosquejo. Lo cierto es que necesitaba aprender más en cuanto a hacer que nuestro propio matrimonio funcionara como era debido, en lugar de ponerme a escribir acerca de él. Aquí tienes algunas de las lecciones que he aprendido a lo largo del camino:

1. Nuestro matrimonio está basado en la Biblia. Este ha sido el fundamento práctico de nuestro matrimonio, siempre queriendo que Cristo esté en el centro de todo. Viviendo en el suelo de la trastienda de nuestra librería de Ciudad de México cuando nos casamos, trajo algunos desafíos y yo iba a aprender rápido que el matrimonio era de veras el programa de doctorado de Dios en la santificación. Leímos «Avivamiento en el hogar», uno de los capítulos de *El camino del Calvario* y

aprendimos más acerca del quebrantamiento, la humildad y la vida crucificada y llena del Espíritu. A lo largo de todos estos años, una y otra vez he sabido que tenía junto a mí a la persona adecuada para ser la compañera de mi vida, y por la gracia de Dios nos hemos sido fieles por completo el uno al otro, ahora que hay tantos que parecen reírse de eso. En la Biblia no encontramos ninguna otra alternativa. Llevando al centro del escenario la cantidad de gente perdida y la necesidad de alcanzarla, esto nos impacta a diario.

2. La idea de la revolución del amor, sobre la cual escribimos, predicamos y tratamos de practicar con 1 Corintios 13 y otros pasajes como el fundamento, ha sido uno de los aspectos más importantes de nuestro matrimonio. Yo, en especial, tendía hacia el extremismo y la insensibilidad, y Dios ha tenido que quebrantarme y lidiar conmigo. La impaciencia ha sido un problema durante toda mi vida. Mi odio al pecado y a toda clase de orgullo me ayudaba a humillarme y arrepentirme en seguida. El milagro de la gracia que me liberó de la ira en los primeros días de mi caminar con Dios fue un factor de gran importancia en nuestro caminar juntos y en mi liderazgo dentro del movimiento. Todavía había de vez en cuando unos fallos de los que me tenía que arrepentir de inmediato, pero hasta el día de hoy me da tristeza pensar en los momentos en que herí a mi esposa,

y más tarde a nuestros hijos, con arrebatos de cólera o con palabras nada amables. La llegada a Inglaterra desde España, donde nació Benjamín, nuestro primer hijo, fue un gran paso para nosotros. En ese tiempo, leyendo el importante libro de Billy Graham *The Seven Deadly Sins*, me humilló y cuánto le agradezco al Señor por este libro. Como mencioné antes, también solía leer sus sermones radiales todo el tiempo cuando era un joven cristiano. Sus libros, como *Paz con Dios* (Mundo Hispano, 1987) y *El secreto de la felicidad* (Mundo Hispano, 1987), fueron claves en la creación de unos fundamentos sólidos para mi vida.

3. Nuestro deseo de llegar a la gente con la Palabra de Dios a nivel local y en todo el mundo, junto con el inicio de todo un nuevo movimiento misionero, siempre traía la presión financiera y los desafíos, y me condujo hacia el extremismo que Dios parecía usar, pero también parecía confundir a algunas personas y a mi propia esposa a lo largo del camino. Yo enfatizaba Lucas 14:33: «De la misma manera, cualquiera de ustedes que no renuncie a todos sus bienes, no puede ser mi discípulo». Ese reto ya nos había llevado a vender la mayor parte de nuestras posesiones. Otros nos siguieron en esto, pero algunas veces nos llevó a criticar a quienes parecían malgastar su dinero. Necesitábamos el equilibrio que nos daría

Filipenses 4:19. Estábamos comenzando a aprender más acerca del misterio de cómo unas cosas que parecen tan buenas pueden tener su lado oscuro. El gris comenzó a entrar en nuestro mundo que antes era más blanco y negro, y ha ido en aumento desde entonces. ¿Puedes adivinar por qué los últimos versículos de Romanos 11 han sido tan importantes para nosotros?

¡Qué profundas son las riquezas de la sabiduría y del conocimiento de Dios! ¡Qué indescifrables sus juicios e impenetrables sus caminos!
«¿Quién ha conocido la mente del Señor, o quién ha sido su consejero?»
«¿Quién le ha dado primero a Dios, para que luego Dios le pague?»
Porque todas las cosas proceden de él, y existen por él y para él.
¡A él sea la gloria por siempre! Amén.

4. El misterio más grande a medida que avanzábamos por el camino del matrimonio era ver tanta oración sin respuesta, incluso en aspectos de los que es difícil hablar. Empezamos a luchar con grandes ataques de desaliento a menudo vinculados con la decepción. Los años que vivimos con tres hijos en la India, los años en Katmandú, Nepal y luego en el *Logos*, nos dieron un sinfín de oportunidades para aprender y crecer juntos. A

través de todo esto, sentí la ayuda y el apoyo de Drena y recuerdo muy pocas quejas, incluso en medio del fragor de la batalla.

5. A todos nos tomó por sorpresa que, a mediados de los años de 1970, la depresión entró de alguna manera en la vida de Drena. Durante ese tiempo, una mujer me confrontó señalándome que quizá yo fuera parte del problema. Dios me quebrantó y me mostró los cambios que debían tener lugar en mi propia vida y en la forma de comportarme como esposo y padre. Después de un año, Drena salió de este período oscuro y nunca regresó. Nos entristecen las respuestas simplistas que algunos cristianos y hasta algunos libros les dan a estas complejas enfermedades y, en mi opinión, la enseñanza extrema de sanidad (y creo que Dios sana) han dañado a más personas y al cuerpo de Cristo en su conjunto de lo que llegaremos a saber alguna vez. Una iglesia en los Estados Unidos, que se fue a los extremos de «no médicos jamás», tiene su propio cementerio y hasta hace veinticinco años había más de setenta personas sepultadas allí, niños en su mayoría.

6. Lidiar con las críticas es una parte importante del liderazgo y, en ocasiones, a mí se me hacía difícil y me sentía herido en lo personal. Nunca escuché muchas críticas de mi matrimonio ni de mi esposa, pero nos parecía difícil de manejar lo que

oíamos, casi siempre de segunda mano. Una parte importante del liderazgo y de tu caminar con Dios se pondrá a prueba hasta la médula cuando critiquen tu matrimonio. En la misericordia de Dios, estoy seguro de que nunca escuchamos en realidad algunos de los peores chismes y críticas, sobre todo si estás en el carril rápido tratando de evangelizar el mundo entero. Fui bendecido en gran medida por tener siempre gente leal como Dale Rhoton, Peter Maiden y otros, de quienes sé que a menudo salían en mi defensa. Es mucho más difícil para los líderes que no tienen a esos fieles amigos y compañeros de trabajo.

7. Al volver la vista atrás, me doy cuenta de que aprendí mucho de mis críticos y de esos amigos cercanos que caminarían en la luz conmigo en cuanto a algo que veían en mi vida y ministerio que necesitaba un cambio. Dios nos mostró a través de su Palabra y de algunos libros cristianos que no nos es posible hacer nada sin la crítica. Nosotros siempre tratamos de amar a nuestros críticos y pedirle a Dios que los bendijera. Nunca nos sorprendió el poder de la murmuración. Lo cierto es que éramos, y somos, felices, y nos sentimos realizados la mayor parte del tiempo, incluso en medio de estos años tan únicos de la tercera edad cuando cambian tantas cosas, sobre todo en el aspecto de la salud. Somos afortunados de tener a tanta gente orando por nosotros y

algunos de ustedes que leen esto están en esa categoría. Les damos las gracias de todo corazón y esperamos que sigan orando.

8. La palabra «equilibrio» se convirtió en una de las palabras más importantes de nuestra vida. El equilibrio entre el trabajo y la familia. El equilibrio entre tomar y entregar. El equilibrio entre dar y recibir. El equilibrio en cuanto a caminar la segunda milla para alcanzar a más gente y bajar la velocidad para divertirse y tener tiempos de familia. En mi vieja Biblia tenía un par de listas en las que trabajaba para mantener el equilibrio. El título original de uno de mis libros era *La revolución del amor y del equilibrio*.

9. Los hijos y los nietos siempre ayudan a cambiar la vida. Le estamos agradecidos a Dios por nuestros tres hijos y nuestros cinco nietos. En estos momentos, no todos siguen al Señor Jesús, pero los amamos y tratamos de ser los mejores padres y ahora también los mejores abuelos que podemos ser. Pasamos juntos unos momentos maravillosos y asombrosos que incluyen viajes y días feriados. Para ser sincero, somos muy conscientes de los fallos que hemos tenido y nos damos cuenta de la sutileza de eso que ahora llamo «idealismo destructivo poco realista». Cuando nos fijamos metas muy altas como las tenemos nosotros, fallaremos. Algunas personas que no son

cristianas ni siquiera piensan que algunas de esas cosas sean fallos. Por eso, libros como *Gracia divina vs. condena humana* (Vida, 1998) de Phillip Yancey, y *El despertar de la gracia* (Grupo Nelson, 1992) de Charles Swindoll, han sido muy importantes para nosotros. ¿Y qué podríamos decir de ese soplo de aire fresco que es *El evangelio de los andrajosos* (Casa Creación, 2015) de Brennan Manning, quien hace poco partió para estar con el Señor? En especial durante esos primeros tiempos, el legalismo entró en nuestro Movimiento y también en nuestro hogar, haciendo algún daño. Ahora necesitamos practicar 1 Pedro 5:7: «Depositen en él toda ansiedad, porque él cuida de ustedes», y aceptar el perdón de Dios. Sin un perdón RADICAL, el discipulado radical nunca dará resultados.

CAPÍTULO 8

El costo de los errores

Les debo mucho a mis padres, que quizá no conocieran personalmente a Jesús durante mi niñez, pero que tenían muchos valores cristianos y nos enseñaron a distinguir el bien del mal. Me enseñaron a trabajar duro, incluso desde temprana edad, lo cual fue una base fundamental en mi vida antes de entregarme a Jesús. Esforzarme al máximo en la escuela, en los deportes y en el movimiento de los Exploradores, también me ayudó más de lo que quizá me diera cuenta. Los Exploradores me enviaron a un curso de preparación de liderazgo avanzado cuando aún era muy joven. Dime: ¿crees que el Dios viviente me preparaba para algo que yo nunca me habría podido imaginar a esa edad?

Muy pronto aprendí que los errores pueden ser costosos y traer consigo dificultades en varios sentidos. Siendo niño, cometí el error de hacer equilibrios con un centavo sobre mi nariz y terminé tragándomelo. Mi madre insistió en que me fuera a casa cada vez que sentía la necesidad de ir al baño en la escuela. La Escuela Primaria Washington estaba cerca de nuestra casa, que estaba en el 243 de la avenida Van Houten, en Wyckoff, Nueva Jersey, ¡así que recuperamos el centavo! Cometí otro error en un lago congelado durante la temporada del patinaje en hielo y atravesé el hielo cayendo al agua. Alguien me atrapó y me sacó de allí. Hemos leído de otros que cometieron ese error y perdieron la vida.

Toda mi vida, en especial después de convertirme en seguidor de Jesús, he sido un ávido lector. He leído libros, periódicos, revistas, artículos y, ahora, interminables anexos de correos electrónicos, lo cual me está ayudando a escribir este libro. También me ha sido de gran ayuda ver muchas películas y numerosos DVD, sobre todo documentales. Ningún libro ha sido más importante que la Biblia, la cual creo que es la Palabra de Dios. La Biblia está llena de historias de grandes éxitos y grandes fracasos, y necesitamos aprender de los dos.

Al parecer, sin importar lo que uno lea, siempre estás leyendo acerca de los errores que comete la gente. Creo que como creyentes en Jesús, es importante que no pensemos que todos los errores son pecados. Es posible que tengan alguna raíz en nuestra naturaleza caída, pero no siempre son pecados declarados de los que debamos arrepentirnos de inmediato. A Satanás le encanta usar nuestros errores para desanimarnos o derrumbarnos. Cuando le damos cabida a la depresión y al desaliento, le abrimos la puerta al pecado o a unas actitudes y comportamientos indebidos, y entonces nos meteremos en muchos más problemas espirituales. Por lo tanto, la gran lección es que cuando cometamos un error, nos debemos levantar de inmediato, buscar el plan B y seguir adelante. A todos nos podría ayudar el libro *Second Choice* (Paternoster, 2000) de Viv Thomas.

La historia muestra el efecto dominó de los errores, donde un error conduce a otro. En 1988, perdimos nuestro primer barco, *Logos* (que una vez fuera el hogar para toda nuestra familia, por el que le damos gracias al Señor por sus diecisiete años de ministerio vital), cuando quedó encallado en unas rocas sumergidas en el canal Beagle, en el sur mismo de Chile y Argentina. Las investigaciones mostraron una serie de errores cometidos por diferentes personas que llevaron a ese fatídico día. Sin embargo, Dios fue misericordioso y no hubo pérdidas de vidas, y Él usó la publicidad que produjo el error en las noticias internacionales, sobre todo en el Reino Unido, con el fin de ayudarnos a conseguir los fondos para un barco mucho mejor, el *Logos II* (el cual más tarde condujo al *Logos HOPE*). No quiero dedicar tiempo aquí para escribir también acerca de los terribles accidentes de autos que hemos tenido en más de cincuenta y seis años, siempre causados sí, ya lo adivinaste, por ERRORES.

Además, la historia muestra que todo el mundo comete errores y de seguro que mientras MENOS

ERRORES, MEJOR. No debemos permitir que lo que creemos acerca de la soberanía de Dios, o lo que llamo desordenología, nos impida tener un fuerte compromiso con el sentido común, a fin de hacer las cosas bien y cometer los menos errores posibles. Me habría gustado que de alguna manera, en el Colegio Bíblico nos hubieran advertido sobre lo dura que es la vida, y la cantidad de problemas y de dificultades que enfrentaríamos. Necesitamos volver a leer y estudiar Santiago 1, 1 Pedro 1 y muchos otros pasajes. Yo nunca me había dado cuenta de que para muchas personas, solo el hecho de tener el dinero necesario para comprar comida es algo muy grande, y que les exige mucha disciplina y trabajo duro.

> *Hermanos míos, considérense muy dichosos cuando tengan que enfrentarse con diversas pruebas, pues ya saben que la prueba de su fe produce constancia. Y la constancia debe llevar a feliz término la obra, para que sean perfectos e íntegros, sin que les falte nada. Si a alguno de ustedes le falta sabiduría, pídasela a Dios, y él se la dará.*
>
> **(Santiago 1:2-5)**

A lo largo de nuestro ministerio, nos parecía, incluso en OM, que el énfasis excesivo en la oración, la fe y la vida espiritual nos daba la falsa impresión de que si nos iba bien en todos esos aspectos, todo lo demás saldría bien. Ahora, al recordar mis sesenta años en Cristo, veo que a muchas personas a las que les he seguido el rastro a lo largo de los años, ¡las cosas NO LES HAN SALIDO BIEN! Ha habido muchos que después de la fe, la oración y la vida evangelística de OM, regresaron a sus lugares y no han podido conseguir trabajo, o no los conservan. Algunos de los matrimonios de personas que se conocieron en OM se han roto, muchas veces porque no pensaron en algunos de los problemas que enfrentarían en el futuro. Reúne todo esto con otros errores que cometemos con facilidad y tendrás la fórmula de un problema, a menudo un gran problema. Muchos no han tenido éxito en su ministerio o en su trabajo, ni siquiera en su matrimonio. Me encuentro con gente así todo el tiempo y trato de mostrarles una gracia radical. Les digo: «Si has fallado mucho y no te ha servido el Plan A, alaba al Señor porque el Plan B puede ser igual de bueno». Algunos han cometido numerosos errores y han tenido muchos fallos, y es probable que sientan que van por el «Plan H» o tal vez el «Plan M». Les digo: «Alaba al Señor por lo grande que es el alfabeto». Por lo general, se ríen cuando les digo esto, pero no es gracioso a fin de cuentas. Esos errores pudieron evitarse. Nos hubiéramos ahorrado una gran cantidad de problemas a nosotros mismos y a otros. Debemos ser conscientes de cualquier tipo de fatalismo en cualquiera de sus formas. Debemos tomar en serio todo lo que nos enseña la Biblia con respecto a toda clase de aspectos espirituales y prácticos; de otra manera, ¿para qué tenemos el libro de Proverbios?

En muchos sentidos, el pecado es más serio, pero con frecuencia nuestros errores son una combinación de pecado y de la estupidez de siempre. O, para ser más moderados, una falta de sabiduría y de discernimiento. Una de las razones por las que he leído tanto es para aprender de los errores y los fracasos de otros, y en lo que llevo de vida, he leído acerca de miles de ellos.

He aquí lo que he aprendido acerca de cómo podemos evitar los errores:

1. Saturémonos con la Palabra de Dios, entregándonos a la oración y a todos los aspectos de nuestro caminar espiritual con Dios. Lo dije en todos mis otros libros. Me haría feliz mandártelos de regalo; envíame un correo electrónico si estás interesado.

2. Aprende la disciplina en cada aspecto básico de la vida… trata de cuidarte del legalismo en cada paso del camino.

3. Aprende a leer y estudiar en serio. Ten un sistema para recordar la información importante.

4. Aprende cómo escribir las cosas. Si viajas, ten una lista de las cosas que no debes olvidar. Los nuevos tipos de teléfonos y otros accesorios pueden ayudar, pero todavía se exige disciplina.

5. Planifica con anticipación y calcula el precio, como se nos insta a hacer en los últimos versículos de Lucas 14. Podría escribir todo un capítulo sobre ese importante concepto y algunos de los errores más grandes que he visto en este aspecto.

Se me acerca toda clase de personas para hablarme de su grandiosa visión y de sus sueños, pero en su mayoría nunca se materializan o tardan mucho tiempo. Con frecuencia, no calcularon el costo o no estaban dispuestos a pagarlo.

6. Cuando tengas tiempo, trata de pensar en los pros y los contras para un paso o acción determinada que estés a punto de realizar.

7. Trata de buscar consejo. Al igual que en todas las cosas de la vida, esto tiene su lado negativo, como que te den un consejo equivocado, de modo que sé cuidadoso con las profecías personales.

8. Planifica con tanta anticipación como te sea posible. Verifica dos veces todos los momentos y las fechas, y trata de calcular qué harás si las cosas no te salen bien. Ten en mente un Plan B. Si yo viajo en tren, siempre trato de tomar un tren que salga antes que el que llegaría justo a tiempo.

9. Muchos de nuestros errores los cometemos cuando estamos en movimiento. En cierto sentido, tenemos que aprender a ser viajeros profesionales, aprendiendo de nuestros errores y de los errores de los demás. Una vez en la estación de trenes de Frankfurt, estaba solo y aparté los ojos de mi maletín (¡por menos de un minuto!), se lo llevaron y nunca más lo volví a ver. Por fortuna, el ladrón no se llevó mi computadora portátil ni demasiadas

cosas valiosas. En cuanto te sea posible, mantén contigo tus cosas de valor. ¿Qué me dices de una cartera pequeña sujeta a la cintura o de alguna clase de bolsa para la cintura? Es triste decirlo, pero en todo esto la vida es más difícil para las mujeres que para los hombres, pero dejaré a las mujeres que escriban de esto. Asegúrate de tener fotocopias de tus tarjetas de crédito, pasaportes, etc.

10. Puesto que, tarde o temprano, a todos se nos quedan olvidadas cosas de valor, debemos desarrollar una estrategia para no hacerlo. Por ejemplo, después de salir de un cuarto de hotel, regresa y vuelve a registrarlo todo para asegurarte de que no se te quedó nada. Revisa en especial todos los tomacorrientes para ver si no dejaste un teléfono o un cargador conectado en alguno de ellos. En todas estas cosas, mientras más podamos hacer la revisión dos personas en lugar de una, mejor. Aprendan a comprobar las cosas entre sí y aprendan el uno del otro. Dejen que muera el orgullo y caminen con humildad, listos para confesar en seguida sus debilidades.

11. Ten un buen sistema a fin de crear copias de seguridad para todas las direcciones, los números de teléfono, etc. Ten un sistema para archivar las cosas. Las carpetas de mi computadora portátil son ahora una parte clave de mi vida. Son un gran recurso para usarlo en la obra de Dios. Tengo un cuadernito negro de reserva con los números de

teléfono y no te puedes imaginar lo mucho que lo utilizo. Si de veras amamos a la gente y le queremos animar, estaremos dispuestos a caminar la segunda milla para mantener su información básica. ¡ORGANIZA, ORGANIZA, ORGANIZA! El libro de Gordon MacDonald, llamado *Ponga orden en su mundo interior* (Grupo Nelson, 2006), ha ayudado a una gran cantidad de personas. Si lees mucho, descubrirás toda clase de consejos prácticos sobre casi cada aspecto de la vida y, en sí, es un gran error no aprender de ellos.

12. Aprende lo que yo llamo «Cautela del Espíritu Santo». Había un maravilloso misionero que iba caminando por las colinas de Inglaterra, pero no llevaba puesto el debido tipo de zapatos. Caminó tan cerca del borde de un precipicio, que resbaló y cayó por el precipicio, perdiendo la vida. Nunca olvidaré cuando me llamaron al día siguiente para avisarme de la muerte de este estimado amigo mío. La esposa de otro misionero amigo mío se resbaló en una colina cerca de un barranco, cayó y perdió la vida. Si te contara unos cuantos centenares de historias parecidas que conozco, comprenderías mejor por qué me tomo el tiempo necesario para escribir este libro y, en especial, este capítulo. No tengo duda alguna de que si la gente hace caso de lo que escriba aquí, estaré salvando vidas y lo cierto es que me encanta hacerlo.

Desde luego, tú puedes hacer tu propia lista, pues yo no debo ocupar más espacio aquí. Tal vez pienses que no es importante, comparado con todos esos mensajes espirituales acerca de la vida en Cristo y el discipulado, pero pienso que esa clase de separación entre lo llamado sagrado y lo práctico es un gran error. Lo debemos someter todo al poder y a la dirección del Espíritu Santo. Nos crearon a imagen de Dios. Tenemos libre albedrío y, en el nivel humano, decidiremos nuestro destino. A cada hora del día, decidimos lo que vamos a hacer, dónde vamos a ir y cómo nos vamos a comportar. Debemos crecer y madurar en todos los aspectos de la vida. Incluso a mi edad, hay lecciones que aprender.

Tenemos que volver a aprender todas las grandes realidades y enseñanzas bíblicas en las diferentes etapas de nuestra vida. No solo debemos vivir bien, sino también aprender y estar listos para morir bien. A medida que envejecemos, debemos tener cuidado con el «SES». Alguien me preguntó el otro día qué querían decir esas siglas. «Ah», le dije, «se trata del *Síndrome de Estupidez Senil*». El problema es que ahora, en nuestra cultura, se ha propagado hasta todas las edades.

Termino este capítulo con esas magníficas palabras de Santiago 1:22: «No se contenten sólo con escuchar la palabra, pues así se engañan ustedes mismos. Llévenla a la práctica». Te recomiendo que hagas un buen estudio de la epístola de Santiago.

CAPÍTULO 9

Los líderes que usa Dios

Estoy escribiendo este capítulo en un lugar especial situado en la costa occidental de Gales, llamado Hookses, donde uno de los grandes líderes cristianos del siglo veinte redactó muchos de sus escritos, el Dr. John Stott, quien se convirtió en un gran amigo mío, y cuyos libros tienen una influencia mundial hasta el día de hoy. Espero que leas muchos de ellos. Es triste que, sobre todo en Estados Unidos, si les mencionas el nombre de John a ciertas personas, sacan a relucir que negaba la existencia del infierno y, en especial, el castigo eterno, lo cual no tiene nada de cierto. John creía que la gente fuera de Cristo estaba perdida. Yo hablé personalmente con él acerca de esto. En uno de sus libros, escrito en especial para responder las difíciles preguntas que hacían algunos teólogos liberales, habló sobre la posibilidad de algún tipo de aniquilación y también hablamos en persona acerca de esto. Muchos grandes hombres y mujeres de Dios han batallado con el deseo de saber con exactitud cómo es el infierno. Recuerdo que le escuché decir a Billy Graham que es sobre todo la separación de Dios.

Desde mi conversión, he tratado todos los días de vivir a la luz de esta verdad, la cual no acabo de comprender aún del todo. Me ha ayudado meditar en la justicia de Dios. El universalismo es más popular que nunca, pero John Stott no anduvo por ese camino y estoy seguro de que esa es una de las razones por las que estaba tan comprometido con las misiones mundiales. En un gran mensaje misionero lo escuché decir que una de las mayores batallas de la Iglesia en nuestros días era la exclusividad del evangelio. Jesús dice: «Yo soy el camino, la verdad y la vida [...] Nadie llega al Padre sino por mí» (Juan 14:6).

Esto me lleva a la verdad principal de este capítulo. Se trata de una súplica para entender mejor la amplia gama de personas que Dios usa en el liderazgo, tanto hombres como mujeres. ¿Te puedes imaginar el número de líderes que he conocido y en cuyas iglesias he hablado? Añádele a esto todas las clases diferentes de líderes que he conocido en las agencias misioneras y en otras organizaciones. Sí, son miles, y sí, he escuchado miles de mensajes, muchos grabados en casetes o en alguna otra forma de audio. Además, he leído acerca de todos los principales líderes mencionados en la Biblia.

Tenemos una inmensa variedad de libros sobre el liderazgo y un sinnúmero de autobiografías y biografías de hombres y mujeres de Dios que se remontan desde ahora hasta el principio de los tiempos. He leído muchas, y revisado y hojeado muchas más. Ahora nos están llegando más rápido que nunca y una de las partes más importantes de mi propio ministerio es hablarles a los líderes y también distribuirles los mejores materiales sobre el liderazgo. Los dos mejores libros en estos momentos son *Liderazgo espiritual* (Portavoz, 1995), de Oswald Sanders, que se ha traducido a varios idiomas, y *Liderando con amor* (Distribuidora DIME, 2009), por Alexander Strauch. He expresado fuertemente algunos de mis puntos de vista en *El despertar de la gracia en el liderazgo* (Unilit, 2014), que está formado en realidad por dos capítulos clave tomados de mi libro *Sal de tu zona de comodidad* (Unilit, 2014).

Repito, si no aceptas lo que llamo desordenología, es probable que no estés de acuerdo con lo que trato de decirte aquí. Estoy muy convencido de que Dios obra con poder a través de una amplia variedad de líderes distintos y de estilos de liderazgo distintos.

Algunos libros y maestros tienen muy altos ideales para el liderazgo y otros son tan dogmáticos que condenan o menosprecian los demás estilos que sean diferentes al que presentan en sus libros. Yo trato de alertar a la gente acerca de este idealismo destructivo que deja fuera el factor de la gracia radical y, a la larga, deja a la gente desalentada, confusa o hasta aniquilada por completo.

La historia lo prueba de otra manera. Dios ha usado toda clase de líderes y de equipos de liderazgo para bendecir, discipular y enseñar a su pueblo, y llevar a decenas de millones de personas al Señor Jesús en el mundo entero. Nosotros somos distribuidores clave del libro *Servant Leadership* (Authentic India, 2010) de Chua Wee Hian, pero también observamos durante décadas cómo guiaba una iglesia clave que fundó en Londres después de ser el líder internacional de todo el movimiento llamado Confraternidad Internacional de Estudiantes Evangélicos (IFES, por sus siglas en inglés). Junta a ese libro el de J. David Lundy llamado *Servant Leadership for Slow Learners* (Paternoster, 2002), y tendrás una combinación única. He notado que muchos de los líderes que en realidad han obtenido los mayores logros no han seguido ese estilo. Es frecuente que sean más autocráticos y casi siempre se les acusa, al menos a algunos, de ser dictatoriales o incluso abusivos. Leí un libro acerca del liderazgo abusivo en el que, según lo que pude ver, a casi todos los líderes dinámicos que tratan de persuadir a la gente con pasión y emoción para que sirva y ame a Jesús con todo su corazón, mente, alma y fuerzas, se les considera abusivos. Hay gente que cuando se halla bajo la autoridad de esa clase de persona, no quiere aceptar su fuerte mensaje y entonces, en algunos casos, trata de hallar alguna debilidad en la persona que presenta el mensaje. Para ser sinceros, hay una gran cantidad de versículos que, cuando los leemos en voz alta, nos parecen abusivos. ¿Qué tal este? «Yo sé todo lo que haces, y sé que no eres frío ni caliente. ¡Cómo quisiera que fueras frío o caliente!

Pero como eres tibio, y no frío ni caliente, te vomitaré de mi boca» (Apocalipsis 3:15-16, RVC). ¿O este en Lucas 14:33? «De la misma manera, cualquiera de ustedes que no renuncie a todos sus bienes, no puede ser mi discípulo».

En realidad, necesitamos mucha sabiduría en nuestra manera de usar esa fuerte palabra «abusivo». Hace años, recuerdo que pensé que una mujer en uno de mis equipos se estaba apresurando a casarse y cuando traté de hacer que fuera un poco más lento, se volvió contra mí y me acusó de tener la manía de controlarlo todo. Después de esa dolorosa conversación, la apoyé, y hasta asistí a la boda y a la recepción para ver al cabo de un par de años cómo su matrimonio llegaba a su fin.

Una cosa es segura y la debo decir: después de sesenta años de edad en algún tipo de liderazgo, lo cierto es que, en el mejor de los casos, se trata de algo muy difícil. Todos los líderes somos imperfectos y tenemos nuestras debilidades que algunas veces nos llevan sin rodeos al pecado. Toda la gente a la que tratamos de guiar y ayudar también tiene debilidades que a veces la llevan a pecar y, por lo tanto, ¿cuál será el resultado? ¡A menudo un gran desastre! Gente herida, corazones quebrantados y desalientos. Muchos de los que se someten hoy a nuestro liderazgo ya los han herido en gran medida, algunas veces hasta sufrieron abusos sexuales, por lo que es demasiado difícil guiarlos y ayudarlos. La mayoría de los líderes están siempre ocupados y con un exceso de responsabilidades, y con frecuencia esto se debe a que tratan de amar y servir a Jesús y a los suyos. Añádele a esto el esfuerzo por evangelizar y tener muchos amigos que no sean cristianos, y estás viendo lo imposible. Las cosas saldrán mal. Va a haber gente herida. Por eso, considero que sin la ardiente realidad de 1 Corintios 13 fluyendo del corazón, y la humildad y el quebrantamiento que la acompañan, muchas veces se vuelve imposible seguir adelante. He visto y leído sobre centenares de líderes que se han enemistado entre sí. He visto a un líder de segunda línea tratar de dar un golpe o echar abajo al que se considera como el de primera línea. Cuando la esposa, o el esposo, se involucran, esta se vuelve más extraña aún.

Para trabajar juntos, hace falta que los líderes que tienen una mente fuerte mantengan un alto nivel de realidad espiritual. Algunos libros de liderazgo dejan fuera el mensaje de la cruz y de la vida crucificada:

> *He sido crucificado con Cristo, y ya no vivo yo sino que Cristo vive en mí. Lo que ahora vivo en el cuerpo, lo vivo por la fe en el Hijo de Dios, quien me amó y dio su vida por mí.*
> **(Gálatas 2:20)**

Le escuché a alguien decir que lo que motivaba el más rápido crecimiento de la Iglesia era la cantidad de divisiones de la misma. La idea de que Dios no puede obrar cuando hay pecado en el campamento parece buena y algunos quizá piensen que hay una historia del Antiguo Testamento que la respalda. ¡Solo queda un problema importante! No es cierta. Dos mil años de historia de la Iglesia demuestran que Dios hace grandes cosas y salva a multitud de personas en medio de situaciones pecaminosas y desordenadas.

Cuidado con ser demasiado intolerantes en cuanto a nuestros sentimientos acerca de cómo Dios obra por medio de personas. Nosotros podremos tener nuestras convicciones sobre cómo liderar, pero ser lentos para criticar a las personas que tienen un estilo distinto. Las diferentes iglesias tienen todo tipo de formas de liderazgo. Sí, creo personalmente que hay unas mejores que otras, pero esto me resulta mucho más difícil de medir ahora de lo que fuera en el pasado. Es poco probable que alguna iglesia, misión cristiana u organización no haya tenido sus desórdenes y problemas, y sí, sus comportamientos pecaminosos. En algunos casos, tomo la firme decisión de retirarme y no inmiscuirme. **Sin embargo, no le puedo decir al Dios viviente que no se inmiscuya.** Dios nos va a seguir asombrando con la forma en que usa toda clase de líderes en toda clase de situaciones, incluyendo las más desordenadas.

Algunos de los que lean esto no estarán convencidos, pero si pudiera sentarme contigo y contarte acerca de los más de mil incidentes que he visto y sobre los que he leído que han hecho lanzarme por este camino, creo que quedarías más convencido que yo mismo. Si eres muy joven, también te parecerá difícil y hasta confuso. Sin embargo, no esperes a envejecer antes de aprender estas valiosas lecciones. Adquiere buenos libros sobre el liderazgo ahora, empezando por la propia Biblia.

CAPÍTULO 10

Adoración, caminata y maravilla

He estado caminando y adorando aquí por Hookses donde John Stott debe haber caminado, orado y visto las aves muchas veces. Estuve viendo su oficina y su cabaña, donde debe haber pasado algunos tiempos maravillosos. En los estantes había muchos de sus libros, entre ellos su biografía en dos volúmenes. Encontré un nuevo libro que no había visto antes, editado por Chris Wright, quien ahora es el líder de *Langham Partnership*, que son los dueños de este lugar. Se llama *John Stott: A Portrait by His Friends* (IVP, 2011). Me hubiera gustado sentarme y leerlo completo.

He recorrido a pie la costa de Pembrokeshire muchas veces, en especial con mi gran amigo galés Wayne Thomas, a quien me lo presentó Doug Burton, el fundador de *The Haven*, que no está lejos de aquí de Pembroke. Wayne estaba alejado de Dios, a menudo con un elevado nivel de vida, con mucha bebida alcohólica y todo lo que la acompaña. Estaba haciendo una entrega de pasteles en *The Haven* y allí conoció a un antiguo doble de películas de Estados Unidos llamado Chuck Cox, lo cual le condujo a su poderosa conversión. Doug le dijo que asistiera a una de mis reuniones en Carmarthen y después de la reunión me llevó de vuelta en auto hasta una granja en los Quantocks, a las afueras de Taunton. Este es un lugar donde Drena y yo íbamos casi todos los años, a fin de tener un cambio de ritmo y un descanso, cuando lo administraban Dave y Mary Hawthorne que llegaron a ser grandes amigos nuestros. Ese fue el comienzo de una amistad para toda la vida. Caminábamos juntos con frecuencia por el litoral. Wayne terminó uniéndose a OM, trabajando conmigo y conoció a una maravillosa obrera de OM en Francia, llamada Hilary, con quien se casaría más tarde. Wayne y Hilary se convirtieron en los líderes y cuidadores de nuestro Centro de Retiros y Conferencias de OM en West Watch, en Sussex occidental. Ahora ministran junto con sus dos hijas adultas en nuestra base de los Estados Unidos en Tyrone, Georgia.

Caminar, y durante unos cuantos años, trotar, ha sido una parte importante de mi vida. Con frecuencia los combino con alabanza, oración y adoración. Se me hace más fácil adorar en medio de la creación de Dios que en algún tipo de edificio lleno de gente, pero desde luego que creo que debe hacerse en ambos lugares. Estar a solas con Dios ha sido una parte importante de mi manera de lidiar con el estrés y todos los retos del liderazgo. Me fascinan en especial el agua, los cañones, los desfiladeros y los litorales pedregosos.

Mis lugares favoritos, compitiendo con los Alpes Suizos (en especial en los trenes dictando cartas), son los Parques Nacionales y Estatales del sur de Utah y del norte de Arizona: Bryce, los Arches, Zion y el Gran Cañón. Dios, en su misericordia y amor, me ha permitido visitar estos lugares numerosas veces con muchas personas distintas, incluyendo a mis hijos y nietos.

En estos momentos, sentado en el marco interior de una ventana, contemplo el hermoso litoral de Milford Haven, un lugar algo distante que recuerdo que visitó el *Logos* hace ya varias décadas. Mi oración es para que muchos de ustedes lean *The Logos Story* (Paternoster, 1992) y *The Doulos Story* (BookRix, 2014), por Elaine Rhoton, y ahora *Logos HOPE* (BookRix, 2014), por Rodney Hui y George Simpson. Te asombrarás de cómo el Señor ha usado el ministerio de nuestros barcos. Quién sabe, a lo mejor terminas un día sirviendo en un barco de OM.

Mi mente retrocede a los tiempos en que John Stott y yo ministrábamos juntos en el *Logos II* en Londres. Él y yo éramos muy distintos, y cuando él me oyó hablar por primera vez en Urbana a finales de los años sesenta, se sintió bastante incómodo por la falta de contenido bíblico de mi mensaje (que fue sobre todo de mi testimonio), y cuando se me enfrentó, comencé a llorar. Poco sabíamos que ese fue el principio de una amistad para toda la vida. Mientras más hablábamos o ministrábamos juntos, más nos dábamos cuenta de lo mucho que teníamos en común, y él se convirtió en un gran apoyo para OM. Hace poco, tuve el gozo de predicar en la iglesia *All Souls,* de la cual él fue el líder y rector por muchos años.

Escribo todo esto para animar a las personas a encontrar el equilibrio en sus vidas. Espero que hayas leído acerca de esto en alguno de mis otros libros, pero no puedo dejar de enfatizar la importancia del mismo, sobre todo en encontrar el equilibrio adecuado entre el aspecto del trabajo y del ministerio que puede parecerte muy agotador, y el ministerio y la actividad que encuentras que te devuelven en realidad las energías.

Incluso en tu estudio de la Biblia es vital permitir que un texto profundo de las Escrituras se lleve a su verdadera perspectiva por otras partes de las Escrituras. Sacar los versículos de su contexto, en especial los del Antiguo Testamento, y golpearles la cabeza con ellos a las personas, no es la forma de hacer las cosas. Nunca me deja de asombrar el mal uso que hacemos de las Escrituras, en especial del Antiguo Testamento. Por supuesto, tomamos los versículos que nos gustan, y dejamos los que no nos gustan o no entendemos. Me parece triste ver a tantos amigos y creyentes que se van por diferentes extremos o por la tangente. La gente que se deja atrapar por los diferentes puntos de vista extremistas suele poner en circulación toda clase de mensajes electrónicos con esos puntos de vista extremos, que raras veces presentan el cuadro completo y ambos lados de la historia.

Cuando me encuentro con tales personas, casi siempre me parece muy negativa, y hasta amargada y airada. Hablar con esa clase de gente me hace pensar que la lectura selectiva (en la que solo se lee un lado del asunto) parece peor que no leer nada en absoluto. Cualquiera con algún tipo de estudio y experiencia sabe que no se puede creer en todo lo que se lee, pues exageran o se equivocan a veces. Incluso, algunos de los principales periódicos están dominados por un solo punto de vista. Existe un número incalculable de sectas y grupos extremistas propagando su «cosa» por el mundo entero. Algunas veces piden disculpas, pero muy a menudo lo hacen con una letra tan pequeña que la mayoría de la gente las pasa por alto. Ha habido mensajes electrónicos y blogs muy candentes que han resultado ser falsos por completo. Por ahí andan volando toda clase de teorías sobre conspiraciones, algunas tan antiguas como las montañas, y otras muy nuevas. La salud, la religión y la política son los grandes aspectos de las generalizaciones sin fin, las medias verdades, las reacciones excesivas y hasta puras insensateces. Cuando las personas se encierran en un partido político determinado (no necesariamente equivocado), les resulta imposible ver las cosas positivas que quizá digan o hagan los demás partidos. Con frecuencia, encuentro esa misma falta de sentido común y de equilibrio en lo que dice la gente y esto incluye una buena cantidad de las predicaciones que he escuchado.

Muchas veces, las personas no son capaces de comprender hasta qué punto su propio temperamento y sus heridas del pasado afectan lo que creen y lo que hablan. Por supuesto, las personas que suelen pensar en blanco y negro son especialmente vulnerables en este mundo de tantas zonas grises. Como creyentes comprometidos en Jesús y su Palabra, tenemos cuestiones básicas donde sentimos que de seguro son en blanco y negro. Hay aspectos en los que se necesita pensar en blanco y negro: «No mates» (Éxodo 20:13) por ejemplo, y aun allí, hay cristianos que no están de acuerdo, sobre todo en cuanto a las armas y la guerra. Yo he incomodado a algunas personas que, después que presentaron su gran opinión acerca de algo, les señalo su complejidad. El hecho de que me haya pasado setenta años leyendo, estudiando y ministrando en miles de iglesias de casi cien naciones no parece significar gran cosa. Lo temible de verdad es que cuando las personas siguen yendo por un camino de extremismo, parece que se vuelven neuróticas (si no lo son ya) y todo el asunto se vuelve bastante triste.

Me temo que dentro de la iglesia estemos engendrando toda una nueva clase de fariseos, lo que también trae división, confusión y, al final, desánimo y hasta una pérdida de fe. Esto sucede incluso dentro de las familias. ¿No podemos, con nuestras fuertes convicciones, ser humildes y darnos cuenta de que podríamos estar mal? ¿No podemos ver más aspectos de una cuestión? (Ah, eso es un duro trabajo en nuestro mundo de «*enviar un texto*» por la vía rápida). ¿Acaso no deberíamos aprender de los expertos, y en especial de las mujeres y los hombres piadosos que escriben y hablan de casi todos los temas que hay en el mundo? Las generalizaciones acerca de los musulmanes (y muchos otros pueblos), que a menudo involucran prejuicios e insultos, nos deberían preocupar a todos. Algunos libros están alimentando el fuego, y todo tipo de personas ahora dice saber mucho sobre el islamismo. Tal vez esté equivocado, pero veo demasiado orgullo, impaciencia y arrogancia, y muy poco de la humildad y el quebrantamiento de Jesús.

Algunas veces, esto es una inmensa piedra de tropiezo para los que tratan de alcanzar a estos grupos diferentes con el evangelio. Cuando nos encontramos con alguien con quien no estamos de acuerdo, digamos en un asunto político o doctrinal, ¿nos preocupa más tratarles de cambiar su punto de vista que hacer que vengan a Jesús? O si es un creyente, ¿le extendemos nuestro amor y compañerismo, y escuchamos su historia? Una de las razones por las que algunas personas tienen pocos amigos es que no aman en realidad a la gente ni la escuchan. Solo siguen adelante en su pequeño mundo, mirando con menosprecio a los que no estén de acuerdo. Me imagino que sabes que por eso escribí hace cincuenta años el libro *La revolución del amor*, así como mis otros libros, y por lo que aún seguimos ofreciendo el libro *El camino del Calvario*, de Roy Hession, cincuenta y seis años más tarde. Es la misma razón por la que el libro *El despertar de la gracia*, de Charles Swindoll, se convirtió en uno de los libros más importantes en la vida de muchos de nosotros. La palabra perdida para muchos hoy es **arrepentimiento**, la cual creo que involucra un giro de ciento ochenta grados y un cambio.

Creo que los DVD sobre la transformación pueden edificar la fe, pero también pueden crear expectativas irreales que no son bíblicas. Esta manera de pensar no es nueva en realidad. La Teología del Dominio la lleva a un extremo y creo que se ha desacreditado. La historia muestra que es muy difícil transformar naciones enteras, ni siquiera ciudades enteras. Un pueblo pequeño o una aldea es un blanco más fácil, pero incluso allí habrá maldad, y muchas veces la transformación externa empuja a la gente a la conformidad, al cristianismo nominal y a toneladas de hipocresía. La historia de la Iglesia ha sido uno de mis temas favoritos durante cincuenta y seis años, y respalda lo que trato de decir. Para mí, el impacto máximo de la Sal y la Luz es algo muy diferente, y si lo llevamos a nuestra teología de la transformación, ayuda de verdad. La tendencia de los carismáticos y los evangélicos a exagerar es una epidemia que daña la obra de Dios. Por supuesto, mi teología de la desordenología me ayuda a mantener una actitud positiva en medio de esto. La idea o teoría de que Europa llegó a ser tan grande porque era presuntamente cristiana, está llena de agujeros, pero es evidente que tiene algunos grandes elementos que son ciertos. Si queremos la transformación, nuestra máxima atención debe estar en nuestra propia vida, a continuación en todo lo que nos rodea y luego en la Iglesia. Después de eso, Dios obrará de muchas maneras diferentes y el diablo será dos veces más activo.

He leído muchas historias de grandes avivamientos que nos hacen soñar con la transformación. Por supuesto, causaron un impacto en la sociedad, pero muchas veces se exageran y no nos dan el cuadro completo. Nuestro anhelo de simplicidad en medio de la complejidad solo nos conduce a más confusión.

En medio del desorden que vemos a nuestro alrededor, incluso en las iglesias y las organizaciones cristianas, ¿cómo seguimos adelante y nos mantenemos animados y positivos? Desde luego, hay libros enteros y sermones que responden esto, pero considero que debe incluirse la desordenología, que es una manera distinta de concebir la forma en que Dios obra entre su pueblo. Como líder cristiano, me fue muy difícil admitir que tenía un concepto errado de Dios y de la forma en que Él obra entre su pueblo. ¿Qué me dices de ti?

CAPÍTULO 11

Si no quieres salir herido, no juegues al *rugby*

Una vez estuve almorzando con Paul Dando, un pastor de Gales. Paul pastorea una iglesia llena de vida en Narberth, donde he hablado muchas veces. Recuerdo que estuve allí una vez con mi nieto Charlie, quien me ayudó con mi mesa de libros. Charlie nunca antes había hecho eso y se sorprendió de que no pudiéramos guardar todo el dinero que daba la gente.

Paul me contó la siguiente historia en un pequeño restaurante de Little Haven. Fue en una reunión de líderes y algunos de estos líderes sufrían de veras por las dificultades y la gente de sus iglesias. Justo antes que un orador invitado de más edad comenzara a presentar el mensaje principal, uno de ellos los dirigió en oración y oró en especial por los que sufrían. Las primeras palabras de aquel experimentado líder en su mensaje fueron: «Si no quieres salir herido, no juegues al *rugby*». Ah, cuán cierto.

En el mundo entero le he dicho a la gente, y en especial a los líderes, que si no quieren salir heridos, están en el planeta equivocado. Así es este planeta caído y rebelde, y nosotros debemos aprender a seguir adelante en medio de él. Incluso en la mejor de las iglesias saludables, con toda nuestra humanidad, se cometerán errores. La gente pecará, fracasará y necesitará ayuda. Esto no lo hace más fácil cuando pensamos en Satanás como un león rugiente que busca a quién poder devorar. «Practiquen el dominio propio y manténganse alerta. Su enemigo el diablo ronda como león rugiente, buscando a quién devorar» (1 Pedro 5:8).

He recibido mucha ayuda e inspiración de un gran número de hombres y mujeres que han ejercitado el perdón y seguido adelante en medio de toda clase de heridas y dificultades. Al mismo tiempo, si los que estamos en el liderazgo vivimos de acuerdo con la realidad de que el Espíritu Santo mora en nosotros, creo en lo personal que solo lastimaremos a un número pequeño de personas. Muchas veces he tratado de averiguar si algo que he dicho o hecho ha herido a alguien y luego me las he arreglado para disculparme y pedir perdón. Necesitamos preguntarnos con cuánta frecuencia decimos de una manera sincera: *«Lo siento. Perdóname, por favor»*. ¿Acaso esto no debe ser fundamental para nuestro corazón y vocabulario?

Los malentendidos son básicos para la vida en este planeta (en realidad, no puedo hablar de otros planetas); he visto miles de ellos, tanto grandes como pequeños. La murmuración destructiva no se desata muchas veces a causa de un pecado evidente ni de una verdadera maldad, sino debido a alguna forma de comunicación errónea o de malentendido. Durante toda nuestra vida de casados, Drena y yo hemos luchado en este aspecto. Casi siempre son cosas muy pequeñas, pero el enemigo las trata de usar para traer confusión, daño y sufrimiento. Debemos aprender a contrarrestar esto al escuchar mejor y al hacer un esfuerzo mayor para comprender a la persona que habla o a la persona sobre la que se está hablando.

El desafío de creer lo mejor y el principio secular de que una persona es inocente hasta que se demuestre su culpabilidad es muy importante. A mí se me destroza el corazón cuando veo a las personas tirar por la ventana estos principios y solo seguir adelante por sí mismas.

Quiero traer aquí mi petición para hacer de la oración, las reuniones de oración o los conciertos (o como los quieras llamar) una parte central de tu vida y ministerio. Una de las cosas más importantes que aprendí cuando era un joven cristiano fue cómo orar y también cómo hacer que las reuniones de oración sean una gran prioridad, lo cual he mantenido toda mi vida por la gracia de Dios. Hay cientos de libros sobre la oración y no deseo repetir lo que dijeron otros, pero quiero recordarles a mis lectores que la falta de oración les abrirá la puerta a numerosos reveses, problemas y sufrimientos. Me alentaría mucho saber que la gente ha leído mis dos capítulos sobre esto en *Gotas de un corazón quebrantado* y que los está poniendo en práctica.

Esto me lleva a hablar acerca de uno de los aspectos más importantes de nuestro caminar con Dios, que es el reto de no guardar resentimientos ni ninguna otra cosa contra nadie. Por la gracia de Dios, nunca me he ido a dormir teniendo algo en contra de alguien, a pesar de que ha habido personas que me han herido o desilusionado centenares de veces. Para mí no es una opción. Debemos perdonar y hasta esforzarnos por olvidar. Los versículos que hablan de amar a nuestros enemigos hacen que sea más indebido y absurdo aún que guardemos cualquier resentimiento contra alguien. El intento por ajustar cuentas con alguien, o cualquier otra forma de venganza, no tiene lugar en el discípulo del amoroso Señor viviente. Esto no quiere decir que siempre habrá gran compañerismo en trabajar juntos. A menudo este es un paso más complejo que no siempre es posible. A medida que somos más maduros en la fe, y esto fue difícil para mí, aprendemos a seguir adelante con las complejidades sin resolver en nuestras relaciones. *¿Cómo pueden dos caminar juntos sin antes ponerse de acuerdo?* Se trata de un nivel diferente de amor, respeto y perdón básicos. Tenemos que recordar con frecuencia que solo hay un Cuerpo. Sí, todos formamos el Cuerpo de Cristo.

¿Cómo es posible pensar que vamos a evangelizar al mundo y a establecer iglesias entre todos los pueblos sin que se nos presenten cada uno de los problemas y las pruebas que nuestra mente se pueda imaginar, incluyendo que algunos hasta pierdan la vida por la causa de Cristo? Los mártires que hemos tenido en nuestro movimiento han causado un inmenso impacto en la mayoría de nosotros y nos hay ayudado a ordenar nuestras prioridades para SU GLORIA. Quisiera instar a la gente a que leyera *Entrega total* (Unilit, 2005) de Gary Witherall, escrito después del martirio de su esposa en el Líbano. Con este, trata de leer el libro *Perdón total* (Casa Creación, 2004) de R.T. Kendall. Con seguridad, servir en el gran ejército mundial de Dios va a ser más duro que jugar al *rugby*. Recuerda 2 Timoteo 2:3: «Comparte nuestros sufrimientos, como buen soldado de Cristo Jesús». Es más, como ya estás ahí, lee todo el capítulo.

Llorones, quejicosos, bloqueadores y pensadores negativos

Bueno, ¿crees que el título de este capítulo se refiere a ti? Espero que no... es en realidad un camino de muerte y hay demasiada gente transitando por él. Creo que tuve algo de esto cuando era un joven cristiano y hasta más tarde siendo esposo, padre y líder cristiano. En muchos sentidos, parece que soy muy optimista, pero también tengo una fuerte vena de negatividad. Las cosas se vuelven más complejas cuando parece que Dios usa algunas de mis declaraciones negativas, sobre todo acerca del estado de la iglesia e incluso del cristiano promedio.

En particular, recuerdo una vez en que tuvimos que aprender a la fuerza que **el discipulado radical sin GRACIA es a menudo un hiriente y confuso callejón sin salida,** pero Dios hizo grandes cosas más gotas

en medio de nuestro extremismo, nuestra debilidad y nuestros fracasos. A finales de los años de 1950 y durante la década de 1960, estábamos en la carretera del discipulado radical y estábamos poniendo en práctica lo que David Platt escribió acerca de esto en *Radical*.

Recuerdo bien, que estuve en Pakistán poco después que la obra se iniciara allí hace unos cuarenta años. Se nos abrió una puerta para una reunión clave en la catedral de una ciudad importante. Asistirían líderes clave de la iglesia, incluyendo el obispo de la Iglesia de Pakistán. Yo era el orador principal y recuerdo que un líder clave de OM me pidió que fuera cuidadoso con lo que decía cuando predicara. ¡Me imagino que sabía que muchas veces yo decía cosas ofensivas o hasta tontas cuando predicaba! Supongo que le dije que intentaría esforzarme al máximo. Entonces otra persona me preguntó si me podía vestir como es debido. En ese entonces y hasta el día de hoy, los trajes y las corbatas son algo importante en la Iglesia de Pakistán. A mí nunca me habían conocido por estar bien vestido, pero vaya, al día siguiente estaba allí de traje y corbata. Creo que parecía un empresario de pompas fúnebres. Eso sucedió en un momento de mi vida en el que había decidido ser menos negativo, incluso en sombrías situaciones difíciles. Dios quería darme una crisis para cambiar mi vida, pues mientras yo estaba hablando, una paloma voló sobre mí y dejó caer su carga en la manga de mi traje. Vaya vergüenza delante del obispo y de todas esas personas, ¡muchas de las cuales me escuchaban por primera vez! Sin embargo, Dios estaba haciendo algo nuevo en mí y me limité a comentar: «Gracias a Dios que los elefantes no vuelan». Por supuesto, todo el mundo se rió en grande.

Sí, es posible que estés en una mala situación, ¿pero por qué no dar gracias y alabar al Señor? Estoy seguro de que podría ser mucho peor. Eso no significa que debas alabar con palabras al Señor cuando alguien te está enredando en una situación dolorosa y difícil. En ese momento, necesitas recordar este texto bíblico: «Gocémonos con los que se gozan y lloremos con los que lloran» (Romanos 12:15, RVC). Al mismo tiempo, nos podríamos gozar en nuestro corazón sabiendo que Dios puede sacar algo hermoso de una situación terrible. Estoy leyendo un libro de Hanna Miley (una maravillosa dama que trabajó con OM) acerca de su niñez cuando llegó a Inglaterra en uno de esos famosos trenes que trajeron niños de Alemania antes del Holocausto. El libro se llama *A Garland from Ashes* (Outskirts, 2013), y es la historia de reconciliación con quienes les quitaron la vida a sus padres y a muchísimos más en los campos de concentración de Alemania durante esa terrible guerra. Hay muchos otros libros similares que deberíamos permitirle a Dios que los use para cambiar nuestras vidas.

¿Por qué hay tantas personas que son fuertes creyentes en la Biblia (y yo me cuento entre ellas) tan rápidas en criticar sin que a veces tengan los hechos? ¿Por qué hay tantos cristianos quejándose de muchas cosas y en especial de sus gobiernos? ¿Qué podemos hacer con Filipenses 4:4-7 (RVC)?

> *Regocíjense en el Señor siempre. Y otra vez les digo, ¡regocíjense! Que la gentileza de ustedes sea conocida de todos los hombres. El Señor está cerca. No se preocupen por nada. Que sus peticiones sean conocidas delante de Dios en toda oración y ruego, con acción de gracias, Y que la paz de Dios, que sobrepasa todo entendimiento, guarde sus corazones y sus pensamientos en Cristo Jesús.*

Dios no quiere que nos pasemos la vida llorando, quejando y siendo personas negativas y poco agradecidas. Por favor, haz una pausa por un momento y permítele al Espíritu Santo hacer una nueva obra en tu corazón y vida. Ya hablé de esto en el capítulo 2, «Extintores, libros y Proverbios», pero quiero traer a colación una vez más aquí cómo esto está muy ligado a ser, en esencia, una persona negativa o tal vez hasta una persona enojadiza. Cuando yo aún era un creyente joven, me fue difícil aceptar que tenía una vena de hostilidad. En una ocasión la vi aparecer en mis palabras y me arrepentí de inmediato. Sobre todo me pasaba cuando conducía. Me parecía mejor cuando me iba en tren.

Dondequiera que vivas hoy, encuentras personas a tu alrededor lloronas y quejicosas todo el tiempo. En realidad, ¿qué logran con eso? Para mí, es muy diferente a la crítica constructiva. Leí un libro del Dr. Norman Vincent Peale llamado *El optimista tenaz* (Obelisco, 2006), así como otros libros similares, y esas lecturas me ayudaron a cambiar mi manera de pensar.

¿Pasas mucho tiempo con esta clase de personas? Ten la seguridad que a la larga serás como ellas, ¡es contagioso! La gente que siempre ve el lado oscuro de las cosas, muchas veces es muy orgullosa en realidad, aparentan saberlo todo, pero ese orgullo suele estar atado a la inseguridad, lo cual hace una combinación más peligrosa todavía. El otro día escribí una lista de cosas sobre las que he escuchado llorar o quejarse a los cristianos:

> Ah, la música está muy alta.
> Ah, están usando la traducción equivocada de la Biblia.
> Ah, ¿cómo es posible que se vistan así para venir a la iglesia?
> Ah, el pastor predicó demasiado largo.
> Ah, me pregunto, ¿por qué su esposa se viste tan elegante y qué es lo que hace con su tiempo?
> Ah, Sally está muy gorda y Lily habla demasiado.
> Ah, Sam sigue olvidando el uso del desodorante.

> Ah, ¿te fijaste en el nuevo auto tan caro que acaba de conseguir el pastor?
> Ah, el otro día vi a uno de los ancianos metido en un bar.
> Ah, qué desastre, tenían vino tinto en los vasos para la comunión.
> Ah, vi al hijo del pastor tomándose una cerveza.

En mis primeros tiempos en la iglesia, recuerdo que los cristianos se enojaban con las mujeres que usaban pintalabios o los hombres que tenían el cabello largo. La lista podría ser mucho más larga. Cuando pensamos y nos comportamos de esa forma, ¿qué logramos de valor eterno? ¿Es que acaso no comprendemos la importancia de nuestra disposición y actitud? De nuevo te insto a que leas el libro *El despertar de la gracia*, de Charles Swindoll, que ahora se encuentra traducido en muchos idiomas. Yo estoy leyendo un nuevo libro sobre la gracia, escrito por Peter Haas, llamado *Pharisectomy: How to Joyfully Remove Your Inner Pharisee and Other Religiously Transmitted Diseases* [«Farisectomía»: Cómo eliminar gozosamente a tu fariseo interior y otras enfermedades transmitidas por vía religiosa] (Influence Resources, 2012), y ya te puedes imaginar cuál es el tema. Necesitamos recordar que a Dios no solo le interesa lo que hacemos y decimos, sino lo que pensamos. Nuestra actitud es una parte importante de nuestro andar con Jesús.

En casi cada situación, y en cada persona, hay cosas positivas y buenas, y debemos enfocarnos en eso más que en lo negativo. También debemos recordar estos versículos: «No juzguen a nadie, para que nadie los juzgue a ustedes. Porque tal como juzguen se les juzgará» (Mateo 7:1-2).

Además, dime qué piensas de esta gran regla: «Así que en todo traten ustedes a los demás tal y como quieren que ellos los traten a ustedes» (Mateo 7:12). Sí, yo sé que estamos de vuelta al mensaje en mi libro *La revolución del amor* y espero que lo aceptes con todo tu corazón y todas tus acciones. Tiene un enorme énfasis en la Biblia. ¿Cómo podemos pasarlo por alto? Lee 1 Tesalonicenses 5:16 y aprende a estar «siempre gozosos» (RVC).

Cuando de ser positivo se trata, es difícil superar a Filipenses 4:8:

> *Por último, hermanos, consideren bien todo lo verdadero, todo lo respetable, todo lo justo, todo lo puro, todo lo amable, todo lo digno de admiración, en fin, todo lo que sea excelente o merezca elogio.*

Un amigo en el mundo de la educación explicó lo que era un «bloqueador», ya que era una palabra nueva para mí. Se trata de una persona que piensa que todo está bien, sobre todo con su propio trabajo y su propia enseñanza, y bloquea cualquier esfuerzo de cambio. Si vamos a crecer y ser las personas que Dios quiere que seamos, debemos seguir aprendiendo y seguir cambiando.

Las quejas y las críticas dirigidas a la esposa o al esposo son muy a menudo el camino hacia una relación rota. Yo, por la gracia de Dios, rara vez he criticado a mi esposa en público y no tanto en privado, pero me he tenido que arrepentir de declaraciones indirectas y a veces de humor que quizá sembraran una idea equivocada acerca de mi esposa en quienes las escucharan o leyeran. Recuerdo una vez que en un mensaje le quise rendir un gran homenaje a mi esposa en más que unas pocas frases, ¡y por eso recibí críticas también! ¿Te has encontrado con que, a veces, la vida está llena de situaciones sin posibilidades de ganar? Vaya, mi vena negativa solo surgió de nuevo. Oh, que el Señor tenga misericordia de todos nosotros.

CAPÍTULO 13

Proclamación con preocupación y acción social

¿Acaso el cambio más grande en la vida y la teología de uno puede venir después que se tiene sesenta años de edad? Sí, y eso me sucedió a mí, así como al movimiento que ayudé a iniciar, Operación Movilización. Solo hay un capítulo acera de esto en *Gotas de un corazón quebrantado* y ya hace unos doce años que se produjeron esos cambios.

Necesitamos regresar a John Stott, Billy Graham y el Congreso Mundial de Evangelización de 1974 celebrado en Lausana, Suiza, donde se reunieron cerca de dos mil líderes cristianos representando al mundo entero. Yo tuve un pequeño seminario sobre el tema de la «Literatura en la evangelización» y creo que me perdí algunos de los mensajes clave. Hubo un gran debate acerca de cómo se integran la acción social y la proclamación, y al final el famoso Documento Lausana declaró que debían ir unidos. Se escribieron muchos artículos y libros a favor y en contra de la decisión, pero ese Congreso, así como los libros y movimientos de muchas otras personas, cambiaron el curso de la historia. Ten en cuenta que algunas iglesias y algunos misioneros ya iban muy por delante en la combinación de estos dos aspectos del ministerio. Vaya, solo considera al general Booth y el Ejército de Salvación. Por supuesto, también aquí hay lecciones que aprender y no todas son positivas.

Años antes de esto, comenzó Operación Misericordia bajo la dirección de Bertil Engqvist, uno de los principales líderes de OM en Suecia. Recuerdo que le di el visto bueno, especialmente con la esperanza de que la mayor parte de la financiación procediera de Suecia.

Desde el principio, Afganistán fue uno de los países clave en nuestra visión y este tipo de ministerio era la única manera de funcionar en esa nación y entre los refugiados en la frontera con Pakistán, donde Gordon Magney (fundador de nuestra obra allí y ahora enterrado en Kabul) continuó con su esposa Grace. Tenían un ministerio increíble en la atención de todo tipo de necesidades físicas y, a la vez, tratando de llevar el evangelio. No era una tarea fácil.

Joseph D'Souza, quien era el líder de la obra en la India, fue uno de los pioneros del movimiento entero para llevar a cabo este inmenso cambio. La obra del Buen Pastor con clínicas y escuelas en los barrios bajos fue histórica en nuestro movimiento y ahora hay más de ciento diez mucho más grandes a lo largo y ancho de la nación, en especial para los niños dalits, a quienes se les niega con tanta frecuencia una educación adecuada. Como mencioné antes, más de doscientos cincuenta millones de personas en la India se consideran intocables. Hoy en día se les suele llamar dalits. Muchos creen que se trata de una forma de esclavitud. No estamos hablando de la gente de casta baja (cientos de millones más), sino de parias. Nuestra preocupación por estas personas ayudó a cambiar el curso de nuestra historia. Esto no debería tener lugar en lo que se denomina la democracia más grande del mundo, pero es así que, y en la forma misteriosa en que Dios obra en una de las situaciones más desastrosas del mundo, cientos de miles de estas personas vienen a Jesús.

Yo escribí un artículo que me agradaría compartir aquí contigo.

¿Qué dirán nuestros nietos?

Dos o tres generaciones después que se aboliera la esclavitud, los nietos de los que la creían, practicaban o participaban, se preguntaban cómo pudieron ser tan ciegos y tontos. (Escoge tus propias palabras).

Durante mi caminata de ejercicio, estuve escuchando el libro de Philip Yancey llamado *Gracia divina vs. condena humana* (Editorial Vida, 1998), en especial la parte sobre la segregación. Ahora nos preguntamos cómo esa generación pudo ser tan ciega, racista (incluso cristianos profesantes) y muchas veces llena de odio. Para nosotros parece irreal.

La nueva generación en Sudáfrica está asombrada de lo que sus padres creían y practicaban (alabado sea Jesús por cada excepción), y que se conocía en esa época como el Apartheid. Cuando ven películas o leen la historia, les cuesta trabajo creerlo y a menudo se sienten avergonzados. Por supuesto, con la esclavitud y la segregación, hubo también un remanente que lo defendía, y aún lo defiende. En realidad, en diversas partes de Europa hay una resurrección de esta clase de extremismo y racismo. Es más, hay un Movimiento Neonazi muy vivo, sobre todo en los Estados Unidos.

He aquí mi gran pregunta para todos los que lean esto: ¿Qué cuestiones tenemos tan mal hoy en día por las que las generaciones futuras se asombrarán debido a nuestra ceguera, nuestro prejuicio, nuestra pereza y estupidez? Vaya, ahora hay un dedo apuntando hacia mí.

Creo que lo de «INTOCABLES» lo ha creado un grupo de personas que vive una forma de esclavitud y de Apartheid a causa de una hipersegregación. Como van las cosas, esto afecta la vida diaria de más de doscientos millones de personas, principalmente en la India, aunque en otras naciones también.

¿Cuál es tu posición en este problema? ¿Qué vamos a hacer tú y yo al respecto? Leo los periódicos y sigo las noticias, y podría repetir de memoria una lista de un centenar de personas famosas y destacadas en cada aspecto de la sociedad (¿dónde encajas tú?), ¡y casi ninguna hace algo en cuanto a este azote y esta injusticia mundial! Que se pregunten lo que sus hijos y nietos dirán acerca de ellos en el futuro. Examinémonos todos nuestros corazones.

Viví en la India y lo pasé por alto, pero le doy gracias a Dios por los que me ayudaron a despertar de tal forma que una de las principales metas de mi vida es ver que cambie esta situación.

El siguiente paso para algunos de ustedes quizá sea leer el libro de Joseph D'Souza llamado *Dalit Freedom Now and Forever* (Dalit Freedom Network, 2005). Estamos dispuestos a mandárselo de manera gratuita a todo el que me envíe su dirección. Mi dirección de correo electrónico es **george.verwer@om.org.** Por favor, no olvides enviarnos tu dirección postal cuando nos solicites el libro.

Un aprendiz que aún sigue aprendiendo acerca de la justicia y la gracia, y es siervo del Dios viviente.

Jorge Verwer

En 1998, en nuestra conferencia anual de líderes principales, en Sudáfrica, anuncié que creía que en cinco años debía abandonar el liderazgo internacional de

OM. Eso sucedió en el verano de 2003 y Peter Maiden, escogido por el Movimiento (en un proceso bastante largo con algunos tropiezos), asumió la responsabilidad del liderazgo por los siguientes diez años. Ahora es Lorenzo Tong, que tiene su sede en Singapur, de donde es oriundo.

Mientras me preparaba para dejar el liderazgo, hubo algunos que pensaron: VERWER, EL SEÑOR PROCLAMACIÓN Y EVANGELIZACIÓN, NUNCA CAMBIARÁ. Se llevaron la sorpresa de su vida cuando Dios me movió a adoptar esta teología del ministerio. La vi con claridad en la Biblia y en la historia. Esto ha cambiado mi manera de pensar, hablar y vivir. En especial, cambió mi manera de usar el tiempo y el dinero. Cientos de veces he predicado mensajes similares al capítulo que trata de esto en *Gotas de un corazón quebrantado*.

En nuestro Ministerio de Proyectos Especiales, que Peter Maiden y los líderes de la OM sintieron que yo debía conservar y dirigir como parte de OM, comenzamos a involucrarnos en más proyectos conectados con toda clase de intereses sociales del mundo entero, desde la Crisis del SIDA hasta el problema mundial con el agua impura y cada posible lucha relacionada con la pobreza. A medida que avanzaba por el camino de un mayor interés en los derechos humanos, me di cuenta de que esto debía incluir los derechos de los que aún no han nacido. Junto con Patrick Dixon, inundamos todos los lugares que pudimos con unos doscientos mil ejemplares de su libro

La batalla contra el sida (Editorial Unilit, 2010) en numerosos idiomas. Con Randy Alcorn comenzamos a inundar también los lugares en diversos idiomas con decenas de miles de ejemplares de *¿Por qué en favor de la vida?: Cómo cuidar a los niños por nacer y a sus madres* (Editorial Unilit, 2005). En algunos idiomas, era el primer libro cristiano impreso sobre ese tema. Dios nos abrió las puertas para dar este mensaje, incluso en la televisión y la radio, en el mundo entero y a través de mi página web **georgeverwer.com** y otras páginas, de manera que el mensaje llegó a todas partes.

En este libro no hay suficiente espacio para entrar en detalles respecto a los desafíos y cambios que enfrentamos todos en el movimiento mientras esto tenía lugar. No ha sido un matrimonio fácil, pero es evidente que los matrimonios nunca son fáciles. Algunos sintieron que se echaba a un lado la evangelización básica y que los proyectos de acción social y de ayuda dominaban por completo el movimiento.

Se produjeron debates y se escribieron artículos. Todo el trabajo pareció volverse mucho más complejo y difícil. La presión de levantar fondos para toda clase de necesidades y de crisis parecía estar por las nubes. Al volver la vista atrás, la provisión de fondos para un ministerio tan grande en respuesta a nuestras oraciones me sigue asombrando continuamente. No estoy seguro de que nadie sepa hasta qué punto el presupuesto anual es mucho más grande hoy en comparación con lo que algunos llaman «los viejos tiempos».

Se ha duplicado varias veces. Tengo la sensación de que todavía tenemos un buen equilibrio con cada tipo de evangelización. Esto todavía involucra alcanzar a millones con el evangelio, lo cual sigue estando en el corazón mismo del movimiento y de seguro que en el mío también. Los libros y medios audiovisuales que salen de OM lo muestran con claridad. Por ejemplo, en el caso de mi propio ministerio Proyectos Especiales, hablo de todas estas cosas, pero dado que la mía es una cantidad de dinero relativamente pequeña en comparación con el total de ingresos de OM, siento que la mayor parte de esos fondos se debe utilizar para aspectos del ministerio relacionados con la evangelización y la fundación de iglesias.

Me siento entusiasmado en especial con el ministerio de los barcos y que todavía sea una prioridad la forma en que se alcanza con el evangelio a la gente, sobre todo usando la literatura. Más de cuarenta millones han subido a los barcos y decenas de millones más se han alcanzado en actividades de divulgación en tierra y en el ministerio de la iglesia.

¿Qué me movió en esta dirección? En primer lugar, fue un estudio más profundo de las Escrituras, tanto del Antiguo Testamento como del Nuevo. Me di cuenta de que siempre lo creía hasta cierto punto, pero sentía que otros grupos, como *Tearfund*, *World Relief* y *World Vision* eran los que se debían ocupar de ese aspecto de las cosas. Hombres de Dios como John Stott, en cuya silla estoy sentado aquí en esta cabaña especial de retiro en los Hookses, y otros que pensaban de manera parecida, fueron una inmensa influencia. Incluso, algunos con los que no estaba de acuerdo, hicieron que examinara mi corazón y estuviera preparado para un cambio radical.

Sí, OM se ha vuelto más complicada, y a algunos no les agrada y nos han abandonado, pero se han levantado otros, sobre todo en la generación más joven, a fin de llevar adelante el trabajo. Una de las cosas más alentadoras en el movimiento es el ejército de líderes jóvenes (de cerca de un centenar de naciones) que Dios ha levantado para llevar adelante la visión y el trabajo.

Nuestras vidas, las de Drena, la mía y las de los que forman nuestro pequeño grupo de personal, también se han vuelto más complejas. Parecemos tener menos tiempo para hacer las cosas que solíamos hacer, como ver una película en el avión. Yo tengo la pantalla de mi propia computadora portátil llena de centenares de correos electrónicos y, por lo tanto, les doy prioridad. Hemos descubierto toda una serie de minas y de obstáculos a medida que avanzamos por este camino, pero al final, estamos tan entregados a Dios como siempre. Hemos visto respuestas asombrosas a nuestras oraciones, y gracias a algunos libros excelentes, sabemos más de cómo lidiar con las oraciones no respondidas. Pete Greig, fundador del Movimiento de Oración 24:7, escribió un nuevo libro llamado *Cuando Dios guarda silencio* (Casa Creación, 2008); su cubierta me ministró en realidad, como el de Philip Yancey llamado *Desilusión con*

Dios (Editorial Vida, 2011) y el de Ron Dunn titulado *When Heaven is Silent* (Paternoster, 1994).

CAPÍTULO 14

Una carga y una visión que nunca han cambiado

Aun desde antes de mi conversión, ya amaba la Biblia. Sin embargo, recibir el Evangelio de Juan por correo en el verano de 1953, junto con escuchar el mensaje de Billy Graham el 3 de marzo de 1955, cambiaron por completo el rumbo de mi vida.

Antes de esto, asistía de vez en cuando al Club de la Biblia en el instituto de Ramsey, lo que podría ser la razón por la que me enviaron un ejemplar del Evangelio de Juan, junto con la carta de la siguiente página:

Campamento Palabra de Vida
Schroon Lake, Nueva York
15 de julio de 1953

Estimado miembro del Club de la Biblia:

El verano está bien avanzado ahora, y espero que lo estés disfrutando de veras. Ya sea que estés trabajando o descansando, me imagino que quede algún tiempo. Como presidente del Club de la Biblia, siempre he deseado que cada miembro lea por lo menos una parte de la Biblia. Durante el año escolar, nuestro tiempo está bastante ocupado con los deberes escolares, pero ahora que tienes un poco de tiempo, me gustaría invitarte a que leas la parte de la Palabra de Dios que te incluimos, el Evangelio de Juan.

Hay varias razones, que mencionaré brevemente, por las que desearía que lo leyeras. En primer lugar, la Biblia misma te dice en Juan 5:39 que estudies «con diligencia las Escrituras». Esta es una de las órdenes de Dios que debemos obedecer. Además, en la Biblia hay muchas historias interesantes sobre milagros y emocionantes experiencias que son verdad, como lo dice Juan 17:17: «Tu palabra es la verdad». También la Biblia ha sido una gran fuente de gozo y de bendición para muchos, incluyéndome a mí. Solo en este libro encontramos las instrucciones de Dios para nosotros y nuestra vida.

El tiempo que le dediques a la lectura de este corto libro será muy valioso e inspirador. En esta breve porción están incluidas

> la mayor parte de las verdades básicas de la Biblia, y la manera de hallar gozo, paz y éxito verdaderos.
>
> Este verano solo habrá valido la pena por las cosas que hayas hecho en él. La lectura de esta pequeña parte de la Palabra de Dios será muy provechosa, y mi oración es que pueda ser la fuente de gozo y bendición. Si tienes alguna pregunta o algún problema en los que pueda ayudar, te ruego que me lo digas. Me haría muy feliz ayudarte.
>
> Que Dios te bendiga en su camino.
>
> Sinceramente,
>
> *Daniel Clapp*
>
> Daniel Clapp

Aun antes de recibir esta carta, me uní a la Liga del Testamento de Bolsillo y llevaba un Nuevo Testamento en mi bolsillo. Vi una de sus presentaciones que mostraban su predicación del evangelio y la distribución de Evangelios de Juan. Así que la semilla de querer que todos en el mundo tuvieran la Palabra de Dios estaba sembrada en mi corazón.

La mayoría de la gente sabe que yo participo en muchos aspectos de la obra de Dios, y también sabe lo mucho que estimo a todas las agencias y las iglesias que forman parte de la gran fuerza mundial de Dios. Lo que quiero decirte ahora viene de mi corazón junto con muchos pensamientos de un ministerio de toda la vida.

En mi último viaje a la India, debido a que entrevisté a mucha gente y realicé algunas tareas, me di cuenta de que a pesar de todo tipo de ministerios estupendos, como la evangelización en masa, la radio, la televisión, las proyecciones de películas, la literatura, etc., todavía muchos cientos de millones de personas NUNCA HAN ESCUCHADO O LEÍDO EL EVANGELIO (incluyendo ver una película del evangelio). Además, muchos grupos se han adentrado en el ministerio holístico, como las escuelas que tenemos entre los dalits, que implica una enorme cantidad de tiempo y dinero. Paralelo a esto se hace tremenda evangelización y plantación de iglesias, y le damos gracias al Señor por los resultados.

Es muy posible que los dalits sean pronto el megagrupo más alcanzado de la India, pero lo cierto es que con una población de doscientos cincuenta millones, ¿qué porcentaje de ellos alcanzamos con al menos algo del Mensaje, sabiendo que muchos no saben leer? Se nos dijo que hay unos trescientos millones de personas que pertenecen a las «Otras Castas Bajas» (OBC, por sus siglas en inglés), tal vez más, y me pregunto: ¿cuántos aún no han tenido una sola oportunidad de oír hablar de la gracia salvadora de Cristo o de conocerla? Esto es de alguien que cree que una oportunidad de escuchar de Jesús no es suficiente.

Hay más de 170 millones de musulmanes en la India. Si somos optimistas, quizá muchos millones de personas estuvieran en la proyección de una película evangélica, tengan un Nuevo Testamento o Evangelio, o tal vez escucharan o vieran un programa evangélico por la radio o la televisión. ¿Y si se tratara de incluso setenta millones? ¡Faltarían cien millones! ¿Me doy a entender? No estoy al día en cuanto a la China, pero con todo el crecimiento de la población allí, nadie cuestionaría que cientos de millones de personas nunca han escuchado las buenas nuevas.

He notado recientemente que se están dando pasos inmensos para tener la Biblia, o partes de ella, en todos los idiomas. Algunos de esos idiomas representan un muy pequeño número de personas; bien, creo en ese esfuerzo. Es magnífico leer que hoy en día se están dando o prometiendo muchos millones de dólares extras para este esfuerzo. Esto hace que me sea más difícil comprender cómo es posible que existan centenares de millones (algunos dirían que mil millones) de personas a nuestro alrededor para quienes ya tradujimos a sus idiomas (Nuevos Testamentos, tratados, DVD, folletos, CD, etc.), pero aún no les hemos dado nada a ellas. **ESTO NO TIENE SENTIDO PARA MÍ.** ¿Podría ayudarme alguno de ustedes que lee esto?

Pienso que la pretensión de un grupo o red de que pronto se llevarían otros mil millones de personas a Jesús es engañosa, pero con el crecimiento masivo de la iglesia en ciertas partes del mundo, ¿quién sabe? Lo que creo es que solo vamos a tener un pequeño efecto sobre los cientos de millones de personas que son más resistentes al evangelio o viven lejos de las áreas en las que tiene lugar esta respuesta. Por ejemplo, ¿los dalits conversos en la India alcanzarán a los brahmanes?

Mi súplica es que oremos más por alcanzar a estos cientos de millones de personas no alcanzadas con el mensaje de salvación. ¿Estarías dispuesto a orar con el fin de que se liberen los fondos necesarios para esta clase de ministerio? Los avances financieros nos capacitarán para poner más recursos evangelísticos en las manos de miles de obreros que los están pidiendo. Lo ideal es que el dinero no deba ser el foco principal, pero cuando es lo principal, y en mi ministerio lo es a menudo, ¡vamos a encontrarlo de alguna manera! Una sola agencia ni una iglesia harán que esto suceda, sino un masivo movimiento popular (ya en marcha) donde la gente, incluso en medio de otro ministerio, quiera llegar a los millones que les rodea. Tenemos que hacer todo lo posible por enseñarle a cada creyente en cada nueva iglesia que se debe llegar a todos los perdidos a su alrededor... esto sería un gigantesco paso al frente.

Le voy a dedicar más tiempo a esto en mi ministerio, y si conoces a alguien en algún lugar que sienta de corazón por esta clase de cosas, me gustaría hablar con él en persona. Me siento agradecido de que leyeras hasta aquí y me encantaría tener noticias de ti.

Hace algunos años decidí hacer una lista de los ministerios que le han llevado el evangelio a por lo menos cien millones de personas. Lo llamé «El Club de los Cien Millones». Si lo deseas, te puedo enviar la lista que contiene alrededor de cincuenta agencias y ministerios. Por supuesto, muchas personas de ciertos países y grupos lingüísticos escuchan y leen el evangelio muchas veces. Algunos tienen un montón de evangelios, tratados o folletos que han recibido. Sin embargo, cientos de millones de personas todavía no tienen nada.

Tenemos mucho por lo cual regocijarnos, pero también nos queda mucho por hacer.

CAPÍTULO 15

¿Hacia dónde vamos a partir de ahora?

Estoy aquí, en la hermosa casa de unos queridos amigos, en las afueras de una de mis ciudades favoritas: Belfast, en Irlanda del Norte. He estado aquí alrededor de cien veces, contando mis visitas a otras partes de Irlanda, y es asombroso ver todo lo que Dios ha estado haciendo en medio de un lugar que durante décadas fue uno de los desastres más grandes y más horripilantes de toda Europa.

Todos estos años he escuchado las críticas dirigidas a las iglesias por no haber hecho más al respecto. ¡Qué fácil es echarle la culpa a la Iglesia! Si la Iglesia fuera tan mala, ¿por qué el Dios viviente la ha estado usando aquí y salvando a muchas personas en medio de todo esto? Este es uno de los primeros lugares del mundo que me abrieron una puerta de par en par para que hablara en una de sus reuniones más grandes y más importantes.

Se convirtió en la mayor parte proactiva del Reino Unido, no solo para OM, sino para decenas de otros grupos misioneros. ¿Cómo es posible que Dios haya usado jamás a alguien, o incluso a una iglesia que, por ejemplo, tiene tantos prejuicios contra la población católica? Esta triste división en el país sigue existiendo hasta el día de hoy y yo la considero una gran lucha... Sin embargo, el Dios viviente parece ser capaz de manejar todo esto. El Dios Todopoderoso puede sentirse entristecido por lo que hace la gente y bendecirla al mismo tiempo. Sí, esto es lo que llamo Desordenología.

Este es mi capítulo final, y mi corazón y mi mente están repletos de lo que me gustaría decirte. Solo quiero hablar un poco acerca de algunas cuestiones en las que te rogaría que reflexionaras. Tal vez te preguntes por qué en este libro no hay más acerca de las misiones y, en especial de los pueblos no alcanzados, pero no quise repetir las cosas sobre las que escribí en mis otros libros. Estoy edificando sobre lo que comenté en esos libros, esperando que aún sean relevantes para quienes no los han leído. Durante más de diez años, ha estado disponible la historia oficial de OM llamada *Una revolución espiritual* (Editorial Unilit, 2009), por Ian Randall, la cual expresa mucho de lo que yo creo, y de la forma en que Dios ha obrado en mi vida y en OM. Te insto a que leas detenidamente ese libro, pues podemos aprender mucho acerca de cómo Dios usa a toda clase de personas de unas maneras tan asombrosas. También hay un gran número de libros acerca del ministerio de los barcos, incluyendo libros tan únicos como *Psalms From the Sea* (Amazon, 2012) por Deborah Meroff.

Deseo hacerte una súplica final para que consideres ser misionero. Hay a quienes no les gusta la palabra misionero, ¿entonces qué me dices de ser «embajador de Cristo a las naciones a tiempo completo»? Esta es la decisión que Drena y yo tomamos aun antes de conocernos y ahora nos remontamos a los cincuenta y cinco años de trabajo y servicio juntos. Incluso en sus setenta, Drena es una misionera a tiempo completo que trabaja muchas horas todos los días tras bambalinas. Hemos tenido muchos cambios, pero no creemos en la jubilación cuando se trata de servir al REY. Yo ya tengo una estrategia sobre la forma en que me puedo quedar en la cama con mi teléfono *Blackberry* y mi computadora portátil, a fin de llevar a cabo gran parte de mi trabajo.

¡Qué triste es ver cómo tantas iglesias han desechado ahora Hechos 13 y ya no envían misioneros a largo plazo! En esto se incluyen buenas iglesias que tengo en gran estima. Soy muy consciente de ciertas historias negativas que circulan acerca de los misioneros (algunas son ciertas) que causan que haya incluso líderes cristianos bien conocidos que desarrollen sus falsas ideas. Uno de los libros más descorazonadores, escrito por un hombre al que estimo mucho y al que Dios ha usado, nos exhorta a dejar de enviar misioneros transculturales y, sobre todo, misioneros estadounidenses. Entonces, supongo que Drena y yo nunca habríamos debido ir a la India. ¿Tiene idea la gente cuántos MILLONES y millones han aceptado a

Cristo y que aún siguen aceptando a Cristo porque enviamos misioneros? Algunos de esos lugares ya no necesitan tantos misioneros, pero hay otras naciones, al menos cuarenta, que necesitan con toda urgencia misioneros a largo plazo que aprendan su idioma. Yo también creo en los fabricantes de tiendas que tienen empleos, pero muy a menudo, a partir de mi observación, su trabajo es muy demandante (en especial si tienen una familia) y por eso les queda poco tiempo para predicar el evangelio y fundar una iglesia. Nos alegramos de cada excepción.

A OM se le ha considerado como una de las principales organizaciones que han hecho nacer las misiones a corto plazo, pero esto no estaba en mi pensamiento original. Nosotros, desde el primer día, buscábamos personas comprometidas PARA TODA LA VIDA.

En México vimos de inmediato, y mucho más en Europa, la forma tan maravillosa en que Dios podía usar las misiones a corto plazo, las cuales a su vez llegaron a ser un fenómeno mundial que ha llevado a centenares de miles al Reino. Sí, se han cometido muchos errores a lo largo del camino y, de veras, muy desastrosos.

En todo esto aprendimos que con frecuencia las finanzas eran más difíciles de conseguir que la gente. Hemos visto grandes respuestas a nuestras oraciones con respecto a los fondos y OM se ha considerado como parte del Movimiento de Fe en las Misiones, del cual fueron pioneros, aun sin saberlo, personas como Hudson Taylor, C.T. Studd y muchos otros. Jorge Müeller, quien no pidió dinero por fuera, realizó toda su obra, ante todo entre los huérfanos, por la fe y la oración. También se le considera uno de los fundadores del Movimiento de los Hermanos (uno de los más grandes y desordenados movimientos de la historia) que, incluso cuando él aún vivía, se volvió un gran desastre, pues se enemistó con otro de los fundadores, J.N. Darby.

Mis propios estudios privados me hicieron ver que Jorge Müeller fue fantástico en sí, en la cultura de sus días, en cuanto a levantar fondos, así que decidí seguir su ejemplo. Orar y hallar los fondos para OM y otros ministerios han sido una de las partes más emocionantes y motivadoras de mi vida. Podría escribir un libro acerca de esto, pero sigo orando para que incluso se avecinen mejores cosas. El Nuevo Testamento nos muestra con claridad que junto con la oración necesitamos los más altos niveles de comunicación, apertura, sinceridad e integridad. Ya mencionamos algunos libros acerca de este tema, pero el último libro que me ayudó se llama *Gospel Patrons* (Reclaimed Publishing, 2014), de John Rinehart. El autor habla acerca de cómo las personas de negocios que tienen el don y la habilidad de hacer dinero han formado con mucha frecuencia una parte vital en lo que Dios ha estado haciendo por medio de otras personas ungidas y dotadas.

Si el mensaje del misterio, de la misericordia y de la desordenología no ha aparecido en estas páginas, fracasé. Es posible que leyeras esto sin haber recibido aún el don de Dios de la salvación al creer en que el Señor Jesús murió por tus pecados. NECESITAS hacerlo ahora mismo.

Otros que tuvieron esta experiencia del nuevo nacimiento y de la gracia no se han perdonado a sí mismos. Esto trae a su vida y a su ministerio una disfunción y una complejidad continuas. Por supuesto, vemos que Dios obra, no solo en situaciones desordenadas que de seguro lo deben entristecer al mismo tiempo, sino que también puede obrar en la gente desordenada. ÉL TE QUIERE USAR, sin importar cuántas luchas y fracasos hayas tenido en tu vida. Tal vez, debido al pecado y a tus disparates, ahora camines cojeando, pero lo importante es que estás caminando aún. Hasta es posible que Él quiera que camines en otra parte del mundo donde nunca esperabas ir. ¿Podrías al menos orar por esto?

Otras personas que están leyendo esto no han perdonado a otros en realidad, sobre todo a los que les han hecho daño, los han decepcionado o hasta traicionado. Tal vez los haya perdonado en su mente, pero no en la realidad práctica. Es posible que se trate de una lucha constante, pero se necesita dar ese paso.

Si Dios te ha hablado a través de lo que te he comentado, me agradaría que pensaras en dar otros pasos prácticos para llevar este mensaje desde tu mente hasta tu corazón y tus pies.

1. Toma la decisión de ser más positivo y optimista, y comienza a practicar al hablar acerca de algunas de las formas maravillosas en las que Dios está obrando localmente y en el mundo entero.

2. Participa al menos en un grupo de oración de alguna clase que se centre en las naciones y en los

grupos de personas menos alcanzadas. Esperemos que participes en la reunión de oración de tu iglesia local, pero deseo que te puedas involucrar en al menos una reunión de oración más. Bueno, ¡tal vez hasta tú mismo podrías comenzar una!

3. Dedícate a distribuir libros y DVD (o a informar acerca de páginas web) que te hayan ayudado a ti, así como pasajes de las Escrituras y DVD cristianos a quienes conoces o con los que te encuentres que no conocen al Señor.

4. Vete a una misión a corto plazo tan pronto como te sea posible. Trata de darle preferencia a un ministerio donde vas a testificar de tu fe y a estar en contacto con la gente. Prueba a trabajar entre los pobres y vivir en una situación donde tengas escasos recursos.

5. Empieza a salir de tu medio para conocer gente cerca de ti de otras culturas. Comienza a aprender por lo menos otro idioma. Si ya estudiaste un idioma (yo comencé el español incluso en el instituto), toma la decisión de continuar estudiando para hablarlo con fluidez. Tan pronto como sea posible, ponte en contacto con personas para las que ese sea su primer idioma. Elige de forma deliberada el camino que parece más difícil.

6. Aprende a usar tu tiempo de una manera más productiva y practícalo. Tu lema debe ser menos observación y más acción. Cuídate de la trampa

de la televisión, de los juegos y de las conversaciones inútiles e interminables. Desde luego, hay un lugar para todas esas cosas y mucho más (sí, hasta para las cosas divertidas), pero solo deben ocupar una diminuta cantidad de tu tiempo. Por supuesto, si tienes hijos y nietos, ese tiempo debe aumentar. Además, con los amigos que no sean creyentes, tenemos que evitar la apariencia de ser neuróticos, extremistas y tensos. Recuerda a Pablo en 1 Corintios 9:22: «Entre los débiles me hice débil, a fin de ganar a los débiles. Me hice todo para todos, a fin de salvar a algunos por todos los medios posibles».

7. Piensa en ir a un Instituto Bíblico. Esto puede hacerse incluso por enseñanza a distancia o dirigido. Nosotros tenemos un enlace de más de cincuenta y tres años con *Capernwray Fellowship*, que tiene escuelas bíblicas a corto plazo en diferentes partes del mundo. De una manera u otra, necesitas pasar más tiempo en la Palabra de Dios. Insto en especial a las personas para que memoricen las Escrituras, lo cual me ha ayudado a transformar mi propia vida, incluso antes de mi conversión. Sí, para conseguir el Premio Dios y Patria de los Exploradores, tuve que aprenderme de memoria una parte de las Escrituras. Fue el capítulo de Romanos 8. Ahora que me acuerdo, el otro día vi una fotografía del momento en que me entregaron ese premio.

8. Toma la decisión de ser más agradecido y practica a serlo todos los días. ¿Alguien te ha dado algo últimamente? ¿Aunque sea un libro, una taza de té o que te llevó hasta la estación de trenes? ¿Le has dado las gracias? Sin duda, yo tengo un amigo que parece darles las gracias a las personas demasiadas veces. ¿Creo que él será el único? Yo regalo una gran cantidad de libros. La mayoría de la gente nunca me da las gracias; claro, a menos que se los entregue en persona y entonces, por lo general, se produce un «Gracias» personal automático, pero sería una sorpresa que recibiera más tarde alguna clase de carta de agradecimiento o incluso una pequeña nota. Le doy gracias a Jesús porque me ha perdonado las veces que no he sido agradecido o no les he dado las gracias a las personas con amor de la manera adecuada.

9. Esfuérzate más en dormir bien, alimentarte sanamente y hacer una buena cantidad de ejercicio. Esto lo he practicado toda la vida y te lo recomiendo de veras. Para mí, uno de los pasajes más poderosos del Nuevo Testamento se encuentra en 1 Corintios 9:24-27: «*¿No saben que en una carrera todos los corredores compiten, pero sólo uno obtiene el premio? Corran, pues, de tal modo que lo obtengan. Todos los deportistas se entrenan con mucha disciplina. Ellos lo hacen para obtener un premio que se echa a perder; nosotros, en cambio, por uno que dura para siempre. Así que yo no corro como quien no tiene meta; no lucho como quien*

da golpes al aire. Más bien, golpeo mi cuerpo y lo domino, no sea que, después de haber predicado a otros, yo mismo quede descalificado».

10. Toma la decisión de mantenerte en contacto con más personas, mezclándolo con oración donde puedas. Usa una buena variedad de métodos, pero lo mejor es que busques la manera de recordar a las personas cara a cara mientras se toman un café, un vaso de agua o una taza de té. Mejor aún sería salir juntos para alcanzar a otros, servirlos y manifestarles el amor de Cristo. A mí me encantan los correos electrónicos y Facebook, pero esto ha disminuido mis contactos por teléfono, y he encontrado que hay algo muy especial en el hecho de escuchar la voz de una persona. Vaya, alabado sea Dios por Skype y otras maneras similares de entablar una conversación. Esto debe ir unido al perdón, porque es posible que la gente te defraude o que sientas algo de rechazo en todo esto. El gran error consiste en no tomar la iniciativa. Yo estoy en contacto con mucha gente que necesita dinero y tengo un fondo solo para tales personas (llamado Proyectos Especiales), pero adivina por qué hay tantos que nunca consiguen ningún dinero. PORQUE NUNCA lo piden. Dicho sea de paso, hay libros excelentes sobre las formas de levantar fondos que me han bendecido. En especial te recomiendo *Funding the Family Business* (Stewardship, 2006), por

Myles Wilson, y *Friend Raising* (YWAN, 2012), por Betty Barnett.

11. Trata de conseguir alguna forma de consejería y de rendición de cuentas, aunque te parezcan imperfectas y espasmódicas. Si estás casado, asegúrate de pasar suficiente tiempo con tu esposa y tu familia. No esperes que te sea fácil. Toda nuestra vida, a Drena y a mí nos ha costado de manera especial orar juntos. Y recuerda, si tienes batallas serias con la lujuria o la pornografía, de veras NECESITAS conseguir ayuda.

Si terminaste de leer mi libro, me gustaría que me enviaras un correo electrónico diciéndome lo que Dios ha estado haciendo en tu vida. Además, me ayudaría a saber si leíste alguno de mis otros libros: *La revolución del amor*, *Sed de realidad*, *No vuelvas atrás* y *Gotas de un corazón quebrantado*. Es difícil creer que la distribución total ha sobrepasado el millón de ejemplares en unos cincuenta idiomas. Alabado sea el Señor.

Para mí, terminar este libro ha sido un largo maratón, pero veo ante mí la meta y me siento agradecido por toda la AYUDA que he recibido de lo alto a lo largo del camino. Les doy las gracias a todas las maravillosas personas de Dios que influyeron en mi vida durante estos setenta y siete años, y solo me humillo ante el Señor en acción de gracias y adoración.

Lectura recomendada

Alexander Strauch, *If You Bite and Devour* (Lewis and Roth, 2011).
Alexander Strauch, *Liderando con amor* (Editorial DIME, 2010).
Andrew Murray, *La Humildad: La hermosura de la santidad* (CLC, 2007).
Betty Barnett, *Friend Raising* (YWAN, 2012).
Billy Graham, *Victoria sobre los siete pecados mortales* (Alturas, Barcelona, 1970).
Billy Graham, *Paz con Dios* (Editorial Mundo Hispano, 2012).
Billy Graham, *El secreto de la felicidad* (Editorial Mundo Hispano, 1987)
Brennan Manning, *El evangelio de los andrajosos* (Casa Creación, 2015).
Charles Swindoll, *El despertar de la gracia* (Grupo Nelson, 1992).
Chris Wright (editor), *John Stott: A Portrait by His Friends* (IVP, 2011).
Chua Wee Hian, *Servant Leadership* (Authentic India, 2010).
David Platt, *Radical* (Editorial Unilit, 2011).
Debbie Meroff, *Psalms from the Sea* (Amazon, 2012).
Elaine Rhoton, *The Doulos Story* (BookRix, 2014).
Elaine Rhoton, *The Logos Story* (Paternoster, 1992).
Elisabeth Elliot, *Portales de esplendor* (Editorial Portavoz, 1985).
Gary Witherall, *Entrega total* (Editorial Unilit, 2005).
Gordon MacDonald, *Ponga orden en su mundo interior* (Grupo Nelson, 2006).
Gordon MacDonald, *Rebuilding Your Broken World* (Thomas Nelson, 2004).
Hanna Zack Miley, *A Garland from Ashes* (Outskirts, 2013).
Hoise Birks, *A New Man* (HB Publishing, 2012).
Ian Randall, *Una revolución espiritual* (Editorial Unilit, 2009).

J. David Lundy, *Servant Leadership for Slow Learners* (Paternoster, 2002).
J. Oswald Sanders, *Liderazgo espiritual* (Portavoz, 1995).
John Rinehart, *Gospel Patrons* (Reclaimed Publishing, 2014).
John Stott, *Cristianismo básico* (Certeza, 2009).
Joseph D'Souza, *Dalit Freedom: Now and Forever* (Dalit Freedom Network, 2005).
Myles Wilson, *Funding the Family Business* (Stewardship, 2006).
Noé (película), dirigida por Darren Aronofsky (2014).
Norman Vincent Peale, *El optimista tenaz* (Obelisco, 2006).
Oswald Smith, *Pasión por las almas* (Editorial Portavoz, 1957).
Patrick Dixon, *La batalla contra el sida* (Editorial Unilit, 2010).
Peter Greig, *Cuando Dios guarda silencio* (Casa Creación, 2008).
Peter Haas, *Pharisectomy: How to Joyfully Remove Your Inner Pharisee and Other Religiously Transmitted Diseases* (Influence Resources, 2012).
Philip Yancey, *Desilusión con Dios* (Editorial Vida, 2011).
Philip Yancey, *Gracia divina vs. condena humana* (Editorial Vida, 1998).
Quo Vadis (película), dirigida por Mervyn LeRoy (1951).
R.T. Kendall, *Fuego santo* (Casa Creación, 2013).
R.T. Kendall, *Perdón total* (Casa Creación, 2004).
Randy Alcorn, *Entre la gracia y la verdad: Una paradoja* (Editorial Unilit, 2003).
Randy Alcorn, *¿Por qué en favor de la vida?: Cómo cuidar a los niños por nacer y a sus madres* (Editorial Unilit, 2005).
Rodney Hui y George Simpson, *Logos HOPE* (BookRix, 2014).
Ron Dunn, *When Heaven is Silent* (Paternoster, 1994).
Roy Hession, *El camino del Calvario* (CLC, 2004).
Theodore Epp, *Love is the Answer* (Back to the Bible, 1960).
Tom Hovestol, *Extreme Righteousness* (Moody, 1997).
Viv Thomas, *Second Choice* (Paternoster, 2000).
William MacDonald, *El verdadero discipulado* (Editorial Clie, 2008).

Otras obras de Jorge Verwer

Por orden de referencia:

Sed de realidad (Editorial Unilit, 1991).
Gotas de un corazón quebrantado (Editorial Unilit, 2014).
Sal de tu zona de comodidad (Editorial Unilit, 2000).
El despertar de la gracia en el liderazgo: Un librito que combina los capítulos sobre la «Gracia» y el «Liderazgo» de *Sal de tu zona de comodidad* (Unilit, 2014).
La revolución del amor (Editorial Unilit, 1990, 2014).
Book by Book: Proverbs DVD (Biblical Frameworks, 2015).
Book by Book: Proverbs Guía de estudio escrita por Paul Blackham (Biblical Frameworks, 2015).
George: «Un viaje de misiones» DVD (CWR, 2015).
Manual de evangelización por literatura (Vida Para Todos, México; reeditado en 2003 por Authentic Lifestyle con su título original *Literature Evangelism*): Primer libro de Jorge.
No vuelvas atrás (Editorial Unilit, 2014).

George:
«Un viaje de misiones»

Sigue a Jorge Verwer en sus viajes a la India, México, Hong Kong, el Reino Unido y su ciudad natal de Nueva Jersey, y descubre que la gracia de Dios no tiene restricciones. Este documental en vivo capta la energía, el entusiasmo, la visión y la humanidad de la vida y misión de un hombre. Fundador de Operación Movilización, la historia de Jorge inspira, desafía y alienta a quienes se preguntan si Dios puede usarlos alguna vez para la gloria de Él.

DVD: aprox. 55 minutos

Disponible en línea o en librerías cristianas.